帮助孩子克服读写障碍

[美] 丹尼尔·富兰克林（Daniel Franklin） 著　王钰靓 译

Helping Your Child With Language-Based Learning Disabilities

图书在版编目（CIP）数据

帮助孩子克服读写障碍 /（美）丹尼尔·富兰克林著；王钰靓译. -- 北京：北京联合出版公司, 2023.11
ISBN 978-7-5596-6585-0

Ⅰ. ①帮… Ⅱ. ①丹… ②王… Ⅲ. ①儿童—学习障碍—研究 Ⅳ. ①G442

中国国家版本馆CIP数据核字(2023)第011460号

HELPING YOUR CHILD WITH LANGUAGE-BASED LEARNING DISABILITES: STRATEGIES TO SUCCEED IN SCHOOL AND LIFE WITH DYSLEXIA, DYSGRAPHIA, DYSCALCULIA, ADHD AND PROCESSING DISORDERS by DANIEL FRANKLIN, PHD
Copyright: © 2018 BY DANIEL FRANKLIN
This edition arranged with NEW HARBINGER PUBLICATIONS
through BIG APPLE AGENCY, LABUAN, MALAYSIA.

Simplified Chinese edition copyright © 2023 by Beijing United Publishing Co., Ltd.
All rights reserved.
本作品中文简体字版权由北京联合出版有限责任公司所有

帮助孩子克服读写障碍

[美] 丹尼尔·富兰克林（Daniel Franklin） 著
王钰靓　译

出　品　人：赵红仕
出版监制：刘　凯　赵鑫玮
选题策划：联合低音
特约编辑：赵璧君
责任编辑：翦　鑫
封面设计：象上品牌设计

关注联合低音

北京联合出版公司出版
（北京市西城区德外大街83号楼9层　100088）
北京联合天畅文化传播公司发行
北京美图印务有限公司印刷
字数165千字　880毫米×1230毫米　1/32　8.75印张
2023年11月第1版　2023年11月第1次印刷
ISBN 978-7-5596-6585-0
定价：49.80元

版权所有，侵权必究
未经书面许可，不得以任何方式转载、复制、翻印本书部分或全部内容。
本书若有质量问题，请与本公司图书销售中心联系调换。电话：（010）64258472-800

各界好评

丹尼尔·富兰克林的这本关于学习障碍的孩子的学习法的书非常出色,不仅清晰地描述了有学习问题孩子的不同困境,还提出了解决这些问题的策略。

富兰克林对学习障碍的孩子,以及他们的父母、老师和其他与之共事的专业人士的理解和同理心,给我留下了特别深刻的印象。我发现富兰克林很善于阐述让年轻人更加独立的重要性,同时又不过早地剥夺他们应对生活挑战所需要的帮助。这本书是父母和专业人士的重要参考,值得反复阅读。

——**罗伯特·布鲁克斯**(Robert Brooks)
博士、哈佛医学院兼职教师,合著有《培养孩子的韧性》(*Raising Resilient Children*)、《韧性的力量》(*The Power of Resilience*)

丹尼尔·富兰克林是一位受人尊敬的教育治疗师。他思虑周全,富有同情心。在本书里,他把帮助许多男孩和女孩的经验转化为实践指南。他首先考虑了孩子的感受和偏好,并努力将父母和他们那在学习中苦苦挣扎的孩子置于同一层面,然后给出自己的建议。富兰克林非常积极、富有耐心，他理解并强调早期识别和干预的重要性，强调没有什么灵丹妙药，不断实践终会有收获。此外，他还强调要对那些被成年人过多地羞辱和纠正的孩子保持友善。

——**萨莉·施威茨**（Sally Shaywitz）
医学博士、学习发展学教授、耶鲁大学阅读障碍症和创造力中心联合创始人及主任，著有《聪明的笨小孩：如何帮助孩子克服阅读障碍》（*Overcoming Dyslexia*）

基于语言的学习障碍让很多有特殊需求孩子的父母踏上了他们没有预料到的旅程。虽然许多书都提供了这次旅程的"航拍照片"，但丹尼尔·富兰克林这本书为大家提供了沿路地图、罗盘、手杖和零食，远胜于其他图书。富兰克林将自己的经验、智慧融于书中的每一页，让忧心忡忡的父母完成从觉得"我的孩子是个问题"到深刻地认识到"我的孩子有问题，但我可以帮助他"这一转变。

——**理查德·D. 拉沃伊**（Richard D. Lavoie）
文学硕士、教育学硕士，著有《动机的突破》（*The Motivation Breakthrough*）、《做你的朋友太难了》（*It's So Much Work to Be Your Friend*）

对那些在基于语言的学习问题上苦苦挣扎的孩子而言，他们要在一个与自己独特的神经生物学特征不一致的教育体系中前行，这样的前景令人气馁。在这本珍贵的书中，富兰克林为父母提供了他们所需的知识和方法——不仅仅在学习阅读或计算方面，还在发展孩子作为一个整体和幸福的人的全部潜力方面——让他们能够为自己独特的孩子提供支持。

本书中不存在速效药或灵丹妙药，书里提供的信息相当于一份实用可靠的书面指南。

——玛丽·海伦·伊莫迪诺-杨（Mary Helen Immordino-Yang）博士、南加利福尼亚大学罗希尔教育学院教育学教授、南加利福尼亚大学脑与创造力研究所心理学副教授。著有《情绪、学习和大脑》（Emotions, Learning, and the Brain）

丹尼尔·富兰克林为那些有基于语言的学习障碍的孩子提供了在学校和生活中取得成功的方法和建议，这些方法和建议很有帮助、容易理解且有教育意义，同时又包含支持性和同理心。他还教导了那些努力想让孩子掌握应对教育挑战所需技能的父母，如何培养孩子的积极性和自信心。因此，对他们来说这本书至关重要。

——朱迪·何（Judy Ho）博士、临床心理学家、美国职业心理学委员会和国家法医鉴定委员会两任委员、佩珀代因大学心理学终身副教授,曾多次作为心理学专家受邀参加美国有线电视新闻网(CNN)、哥伦比亚广播公司(CBS)、美国福克斯广播公司(FOX)等主流电视网络节目

这是一本非常有用的书,适合那些被专家深奥的理论建议和报告淹没的父母。在书中富兰克林写道:"父母和孩子的关系比孩子的学业更重要。"试想一下,如果父母领悟到这一点,他们就掌握了帮助挣扎中的孩子的关键方法。这本综合性书籍是一项伟大的研究成果,可以让那些处于困境的父母更加轻松。

——多萝西·昂格莱德(Dorothy Ungerleider)
文学硕士、认证教育治疗师、教育治疗师协会创始人,著有《阅读、写作及愤怒》(Reading, Writing, and Rage)、《教育治疗行动》(Educational Therapy in Action)

本书包含了丰富的可实践策略,不仅适用于有基于语言学习障碍的孩子的父母,也适用于普通父母。全书通俗易懂、温暖积极、鼓舞人心,强调了要通过加强父母和孩子之间的关系、家庭和教育工作者之间的关系来支持孩子。

——阿曼达·达特诺(Amanda Datnow)
博士、加利福尼亚大学圣迭戈分校教育学教授

丹尼尔·富兰克林的这本书非同凡响。书中给父母提出了丰富、容易实施的实践策略，可以用来帮助在学习中努力挣扎的孩子。富兰克林的方法富有同情心，会激励家庭，并赋予其力量，还能为学生带来希望和乐观的心态。对任何想帮助孩子应对学校和生活挑战的人来说，这都是一本必读的书。

——**理查德·L. 高曼（Richard L. Goldman）**
教育学硕士，身兼教师、管理人员、大学教授多职，在基于语言的学习障碍和教育咨询方面有 40 多年的经验

本书是父母和教育专业人士的重要参考书。富兰克林在书里提到了必要的策略（和工具），可以让父母更有效地满足孩子的学习需求。本书的另一个伟大之处在于，它将教育作为一种实现目标的手段——一段积极的教育经历可以帮助孩子成长为成功的成年人，并在实现人生追求的过程中茁壮成长。

——**迈克尔·E. 斯帕尼亚（Michael E. Spagna）**
博士，加州州立大学多明戈斯分校教务长兼学术事务副校长

目 录

序　言　/ 13
前　言　我的故事：帮有 LBLD 的孩子取得
　　　　成功　 / 17

第一部分　什么是学习障碍　/ 001

第一章　什么是基于语言的学习障碍　/ 003

学业优秀需要的两部分大脑功能　/ 004
哪些表现才说明孩子有基于语言的学习障碍　/ 007
孩子的学习环境与自身能力的关系　/ 011
结　语：孩子所处环境的挑战　/ 013

第二章　正确评价孩子　/ 015

学校对学习障碍孩子的帮助　/ 017
如何评估判断孩子的学习障碍　/ 027
结　语：给孩子提供帮助　/ 034

第三章　用家庭团队目标设定法，帮助孩子克服学习障碍　/ 035

父母与孩子的关系比学习更重要　/ 038
亲子学习：合作而不是"放手"　/ 040
迂回策略：根据孩子的学习特点呈现信息　/ 042
子技能耦合：三步完成学习目标　/ 044
结　语：帮助孩子在必要的地方努力　/ 049

第二部分　校园学习：有益的方法助孩子获得理想成绩　/ 051

第四章　七步树立孩子自信，与其建立积极关系　/ 053

第一步：找出问题　/ 054
第二步：打破消极反馈的循环　/ 057
第三步：促进情绪调节　/ 059
第四步：接受游戏的价值　/ 062
第五步：调整作业量和帮助程度　/ 065
第六步：危机干预　/ 068
第七步：保持耐心、始终积极　/ 070
结　语：治愈你和孩子的关键步骤　/ 074

第五章　积极应对学校事务　/ 075

　　　　　与老师沟通，制订合理计划　/ 075
　　　　　培养孩子在教室里的优秀技能　/ 080
　　　　　学习和成绩之间的关系　/ 083
　　　　　三个策略让孩子主动学习　/ 085
　　　　　如何在孩子身上做投资　/ 091
　　　　　结　语：父母对孩子的微观管理　/ 093

第六章　如何应对阅读障碍　/ 095

　　　　　在家里营造语言学习的文化氛围　/ 096
　　　　　如何纠正阅读中出现的错误　/ 100
　　　　　如何鼓励一个不积极的读者　/ 101
　　　　　如何为阅读障碍的孩子提供阅读指导　/ 104
　　　　　如何扩充孩子的词汇量　/ 112
　　　　　如何让孩子拥有高阶阅读技能　/ 113
　　　　　阅读分级，搞定阅读类作业　/ 118
　　　　　结　语：帮助孩子完成阅读作业　/ 122

第七章　如何应对书写障碍　/ 123

在家里营造书写文化氛围　/ 124

如何培养基础书写技巧　/ 128

亲子合作完成写作任务　/ 132

怎样和孩子共同书写　/ 135

结　语：帮助孩子在书写的过程中找到价值　/ 142

第八章　如何应对计算障碍　/ 143

在家营造数学文化氛围　/ 144

怎样让数学更加有趣　/ 145

如何让孩子思考自己的思维过程　/ 148

如何高效补习数学　/ 152

如何辅导数学家庭作业　/ 153

如何解决数学焦虑　/ 157

结　语：参与孩子的学习　/ 160

第九章　如何应对信息处理和记忆缺陷　/ 161

如何让记忆更加高效　/ 163

帮孩子处理和记忆信息的趣味技巧　/ 167

为什么孩子总会遗忘　/ 173

结　语：记的越多，做得越好　/ 175

第十章　如何应对注意缺陷多动障碍和执行功能
　　　　缺陷　/ 177

　　　整理技能：形成有序，保持有序　　/ 179
　　　培养孩子独立完成家庭作业　　/ 181
　　　帮助孩子保持注意力的集中　　/ 182
　　　在做家庭作业时调节情绪状态　　/ 183
　　　结　语：父母的协作支持将帮助孩子进步　　/ 187

第十一章　与高年级学生一起学习　/ 189

　　　如何帮助高年级的孩子　　/ 190
　　　积极的心态应对学习　　/ 195
　　　结　语：从多方面为高年级孩子提供帮助　　/ 202

第三部分　日常情境：调整心态，提升生活技能　/ 203

第十二章　如何应对校外生活　/ 205

　　　六方面提高孩子社交技能　　/ 206
　　　帮助孩子缓解社交焦虑　　/ 209
　　　培养孩子焦虑和压力的管理能力　　/ 217
　　　养成健康的生活方式　　/ 218
　　　适时与孩子聊聊理财　　/ 221

利用暑假让孩子实现全面提升　/ 222
结　语：帮助孩子提高技能　/ 228

第十三章　培养青少年独立性　/ 229

高中毕业如何选择学校和专业　/ 230

大学的替代方案　/ 234

从事兼职或全职工作　/ 235

如何判断孩子是否适合独立生活　/ 236

结　语：在孩子进入社会时提供支持　/ 238

致　谢　/ 239

延伸阅读　/ 243

参考文献　/ 249

序　言

　　学习取决于孩子与父母和老师之间的关系，对于有基于语言的学习障碍（language-based learning difficulties，LBLD）的孩子来说，更是如此。我和丹尼尔·富兰克林在上学的最初几年都很困难。我并非天生好学，所以需要遇到好老师才能成功。不幸的是，我成长的过程中，只遇到了几个极个别的好老师，这更像是一种意外。我很困惑，不知道自己到底是聪明还是愚蠢，也从来没有想到是老师让我有了不同。直到很多年以后，我才意识到，在那些我关心老师，也觉得老师在关心我的课堂上，我是个优秀的学生。所以，那些所谓"不可教"的学生，实际上是还没有遇到合适的老师，在这种情况下，我们作为家长就必须成为积极的合作者，为孩子提供他们在学校和生活中取得成功所需的支持。

　　有基于语言的学习障碍的孩子经常会有继发性情绪问题的困扰，如深深的挫败感、愤怒、焦虑、悲伤和羞耻等。他们会开始将自己与朋友孤立起来，不再对学习活动感兴趣，转而沉迷于电子游戏或其他能够分散自身情感的技术活动之中，从而让问题变得更加严重。重要的是，我们要确保家长和孩子作为一个家庭共同面对挑战，以免让孩子觉得自己孤独又愚蠢，注定会失败。我们还必须顶住压力，不要把孩子的挣扎变成对我们自身育儿水平的评判。所有学习都取决于大脑适应和存储新信息的能力，这一过程被称为神经可塑性，它需要在低水平的压力、安全的依恋关系，以及开放和接受的心态下才能更好地实现。如果出于焦虑和羞耻，孩子和父母在情感上就容易封闭起来，其结果就是任何一方都很难推进学习。

对于那些在努力想办法帮助有基于语言的学习障碍的孩子的人来说，有了这本书，就好像是在一片茫茫沙漠中发现了绿洲。你会发现丹尼尔向导非常睿智且富有经验，他可以在各种矛盾的意见、善意的建议和有时非常昂贵的"解决孩子学习障碍的方法"交织而成的迷宫中找到答案。丹尼尔的方法完美结合了训练、经验和同情心，可以带领你应对复杂混乱的教育体系。他与儿童、青少年和刚刚成年的年轻人打交道 30 多年了，在漫长的教育职业生涯中，帮助了数千名学生。

丹尼尔与其他许多人的不同之处在于，他认为大脑不是孤立学习的，而是植根于身体中，身体又处于家庭和团体中。丹尼尔和我都研究人际神经生物学（interpersonal neurobiology），该领域认为大脑是一个社会器官，学习是社会互动的结果，对孩子而言更是如此。如果将学习定义为协作的过程，我们就可以为所有孩子提供改善教育效果的新机会。

丹尼尔知道，学校会对有基于语言的学习障碍的孩子产生很多不利影响。基于有关学习的社会神经科学原理、依恋教学和正念养育理论，他在书中为孩子和家长提供了很多行之有效的策略，从而帮助孩子提高学习和生活技能。他的策略充分利用优化协调和积极的社交互动——这也是我们大脑演化到可以从事学习的方式，让你能够在各个学习领域帮助孩子。

这些有可能会同时对孩子的学习成果和情感产生积极影响，但我们必须记住，要重视每个个体的独特性，不要总想着孩子（和我们自己）在某一天、某个阶段能达到"正常"的标准。丹尼尔的策略会帮你更有效地支持孩子，为孩子提供学业所需的帮助，并帮你了解你与孩子之间的特殊纽带对激发其学习兴趣的影响。

最重要的是，丹尼尔提醒我们，身为父母，我们的首要工作是珍视孩子，而不要让学业困难破坏我们之间的关系。他告诉我们，不必为了让孩子学习或遵守学校要求，而对亲子关系做出让步。丹尼尔讲解了我们生活中具有挑战性的一面，并致力于将其变得可控且积极。为人父母，我们自然而然是孩子教育方面的核心合作伙伴。有了这本书，在帮助孩子在学校和生活取得成功的过程中，你将更加得心应手、事半功倍。

——路易斯·科佐林诺（Louis Cozolino），博士，佩珀代因大学教育与心理学研究生学院心理学教授，著有《心理治疗的神经科学》（*The Neuroscience of Psychotherapy*）与《教育神经科学》（*The Social Neuroscience of Education*）

> 前　言

我的故事：
帮有 LBLD 的孩子取得成功

关于我的童年有两个故事，一个我经常分享，另一个直到现在我也没怎么提及过。第一个故事很好讲，是一个小男孩在科德角（Cape Cod）的自然环境中成长，与家人在一起，生活中充满了冒险，每个角落都有新体验的故事。总之，这听起来是个美好的童年。

另一个故事对我来说很难去分享，是关于学校，以及我无法像同龄人那样学习的故事，这让我几近崩溃。尽管有一个美好的童年，但我在课堂上的挣扎，以及老师对我的不理解和不友善，都让我非常痛苦。

20 世纪 70 年代，我上小学的时候，我的父母对我非常放任。这在当时的父母中很常见，当时，允许孩子自己探索世界、自己学习是一种时尚。对其他孩子来说，这个方法可能很好，但对我这样的孩子来说，则是一场灾难。回想起来，如果我的父母能更多意识到我在学校里的挣扎，认识到我需要全面的帮助，那就太好了。但毕竟那是一个不同的时代。我在学校里苦苦挣扎，遇到了极大的学习和行为挑战。

我进步得很慢，但花费了很多时间和努力后，最终在波士顿大学（Boston University）获得了学士学位。之后，我继续在两所旨在满足基于语言的学习障碍的孩子教育需求的学校任教。

后来，我在哈佛大学教育学院（Harvard University Graduate School of Education）获得了阅读、语言和学习障碍方面的教育硕士学位。在那期间，我在导师珍妮·查尔（Jeanne Chall）——其著作《阅读力进阶》(Stages of Reading Development) 影响力巨大——的直接指导下，在哈佛阅读实验室任教。之后，我又在加利福尼亚大学洛杉矶分校（UCLA）获得了教育学博士学位，并开始了我的私人执业，成了一对一的阅读老师、组织教练、学术导师以及教育治疗师。

如今，作为一名教育顾问，我帮助家长了解为什么他们的孩子有学习障碍，以及他们能做些什么。现在，我和一个负责任的教育团队共事，我们一起为数百名学生提供包括教育咨询、辅导、学业管理，以及一对一教育等广泛的学校支持服务。

直到现在，我也没有对多少人讲过我曾经经历的困难的学校生活。我几乎用了一生的时间才有足够的信心去毫不羞愧地分享自己生命的这一部分：我在学习字母表时的艰难挣扎，我直到11岁才学会阅读，等等。但后来，我逐渐意识到，我的故事非常重要，因为这也是我遇到的许多孩子的故事。他们和我小时候一样，在学校里阅读、写作和日常表现都遇到了很多困难。

虽然用了很长时间才接受这个事实,但现在我明白了,学生时期经历的困难在我现在的工作中发挥了重要作用。那些我曾经认为是缺陷的东西,现在变成了财富——我可以理解基于语言的学习障碍可能对孩子和家庭产生的情感影响,这是很少有人能够做到的。我的那些经历,无论是好是坏,都给我提供了一个看待学生处境的独特视角。

我敢说:如果你的孩子能挺过这几年的学校生活,他在以后的日子里几乎肯定会取得成功。但是要度过这些学年,你的孩子要依赖于你所给予的爱、支持和鼓励,这是让他们不放弃的必要条件。

■ 以人际关系为基础

无数的孩子来到我的办公室,他们可能是因为学业原因即将被学校开除,或者是因为他们非常沮丧,干脆就拒绝上学。我的主要责任是给这些年轻人带来希望,并为他们提供成功所需的支持。我明白希望和支持有多么重要,因为它们是让我在面临众多失败之后获得成功的重要因素。

我的个人经历对我至关重要,也让我发现了一种更好、更友善的方法来帮助有基于语言的学习障碍(language-based learning disability)[1]的孩子。这种方法强调健康的人际关系在

---

1 此处的"language-based learning disability"与前文的"language-based learning diculties"意义相同,故统一译为"基于语言的学习障碍"。——编者注

培养动机和促进学习方面的关键作用。我一次又一次见证了耐心、理解和温和的指导所达到的效果——把苦苦挣扎的孩子变成自信、有所成就的学习者，这是纯补习项目很少能够达到的。我将教你在帮助自己的孩子时如何采用这种方法。

我写这本书的首要目的是告诉大家：**提高孩子社交、情感和学习发展的最有效方法是加强他们与父母、监护人和老师的关系**。[1] 换句话说，与孩子建立健康的关系，是帮助其成为优秀学习者的最佳方式。

在接待咨询的过程中，我遇到的家长表示，他们既希望能帮助孩子成功，又想避免这种"能力"，经常会对这两种愿望的同时存在感到矛盾。很多时候，父母会因为在家庭作业和组织活动方面帮助孩子而感到内疚，因为按照传统思维，孩子应该能够独立完成这些任务。然而父母也会因为在孩子痛苦时没有伸出援手而感到内疚。（尽管"痛苦"这个词听起来可能很极端，但根据我自己的生活以及治疗过的孩子的生活，我可以告诉你，在学校里挣扎是极其痛苦的。）作为 LBLD 孩子的父母，你可能感受过这种冲突。

通过这本书我想说明，作为父母的你才是减轻孩子痛苦最有力的支援。尽管我的父母对我的教育可能过于放任，但他们始终表达着对我无条件的爱。他们坚信我是一个有价值的人——尽管我并不是一名优秀的学生，但这无疑使我保持了足够的动力，不放弃学业和自身。也正是这种程度的动力，

1　Cozolino 2013，Immordino Yang 2016，Pianta 2000，Siegel 和 Hartzell 2013。

帮助我度过了艰难的学校生活，并让我最终在事业上取得了成功，还能够帮助那些曾经像我一样挣扎的孩子。

我相信，如果我的父母当初知道提供无条件的爱和高水平的学业支持是多么重要，他们一定会更加尽力地参与到我的学业中来。幸运的是，我们如今对LBLD的理解有了指数级的增长，对为这些有学习障碍的孩子提供有效帮助的理解也成倍地提高。我们了解得更多了，我们必须尽己所能让这些孩子获得他们需要的学业和情感支持，好把他们拉出痛苦和挫折的循环。

我写这本书的目的在于，通过介绍自己当时希望得到的帮助，来分享我是如何帮助有LBLD的孩子取得成功的。我将通过例证和故事来阐明，关爱与合作确实是帮助孩子的绝佳方式。你将在书中学到：

如何帮助孩子通过阅读来学习；
如何在孩子学习写作时给予帮助；
如何通过教学准备和预习，帮助孩子成为积极的学习者；
如何让你的孩子记忆和回忆重要事实；
如何有效管理孩子的学习材料和日程安排；
如何富有同情心地培养孩子的独立能力；
如何以友好的方式提供高水平帮助；
如何在与孩子合作时保持耐心、体贴和关爱。

通过学习和实践本书中的策略，你可以完全改变孩子的人生！

■ 没有捷径

帮助有 LBLD 的孩子需要花费的时间往往比想象中更多。在这个充满捷径的世界里，我们总是容易相信，如果孩子学习足够认真、在计算机程序上学习足够多的时间，或者"足够努力"，他们就能迅速赶上同龄人的水平。

在那些你想让孩子掌握的技能里，有很多技能可能需要几个月甚至几年的时间来培养，这是因为大脑的发育也需要很长时间。事实上，高质量学习和学业优秀所需要的能力几乎都是由大脑中的前额叶皮质负责的，而大多数人的前额叶皮质直到二十几岁才能发育完全。再加上每个孩子发展自己独特技能的时间不一，我们无法确切地知道某项技能什么时候会开始有所提高。此外，做一名优秀学生需要的远不只是掌握某些学业要求，要想在学校取得好成绩，还需要在广泛的能力范围内培养很多综合技能。在本书中，我将敦促你适应孩子独特的发展时间，也会鼓励你更加关注孩子和你自己，不要把时间浪费在所谓的标准和社会期待上。

我理解为什么父母对长期帮助孩子感到紧张，因为许多人担心自己的孩子可能永远无法掌握生活所需的全部技能。通过我的方法，在一段时间内，孩子需要在你的帮助下完成学校要求、学习课堂内容、掌握技能并取得成功。但我要告诉你的是，这种方法实际上是所有培养孩子独立性的方法中最快的一种。

让孩子变成终生依赖父母的最快方法就是在他们需要时拒

绝给予所需的支持。我们绝不能把"独立"这一目标放在技能发展、学习和与监护人的健康关系等其他更重要的事情之前。只有这样，人才能独立。还有一个重要的点是，不要期待能有立竿见影的效果，没有什么特效药能让你的孩子长得更快，变得更强壮或更有能力。

我提倡的这种方法需要你整个家庭的生活方式做出深刻转变，而不仅仅是一套权宜之计。我的方法中，有的是通过为孩子和家人设定明确的目标，并特别强调家庭协作和团队合作的必要性，来为孩子在做好准备后尽快进入独立奠定基础。要想用这种方法取得成功，你必须愿意投入大量的时间、精力以及善意来改善孩子的学习体验。

这是一个不小的壮举，帮助苦苦挣扎的孩子会在很多方面考验你。你可能会因为不得不重新学习自己很久以前学过的东西而感到沮丧，你可能会觉得这是在重温自己在学校时的不好经历。我会讲一些方法来教你该如何看待这些动态因素，以免让其影响你和孩子的有效合作。

这一过程要求很高，但是等孩子的能力真正得到提高时你就会明白，这种对积极合作的深度投资会得到回报。虽然一开始可能会花费大量时间，但从长远来看，你总共花费的时间和精力反而更少。可以用那句老话"不要努力工作，而要聪明地工作"来概括本书。在本书里，你会学到实用的方法来帮你和孩子恢复积极的心态，它将帮你重新构建学校支持，使其成为将你和孩子联系在一起的黏合剂，而不是将你们分裂开来的外界因素。

第一部分

什么是
学习障碍

第一章

什么是基于语言的学习障碍

只要有学校，就有学习吃力的孩子。以前，人们常常把孩子成绩不好归因于懒惰、缺乏兴趣或不够聪明。这种观念是错误的，会带来灾难性的后果。还好，作为父母的你知道，孩子在学校学习吃力并不代表他没有好奇心、毅力和能力。

为了更好地理解和解决这些孩子存在的症状互有重叠的学习障碍，故"基于语言的学习障碍"这一术语诞生了。近些年来[1]，该术语常用于描述在写作和口语表达、数学计算方面遇到的障碍，以及注意缺陷多动障碍（attention deficit / hyperactivity disorder，ADHD）。该术语也适用于执行力方面的缺陷，包括组织、计划、记忆和其他相关能力。

我们可以将这些障碍理解为一系列相互作用的挑战，这一观点得到了拉里·西尔弗（Larry Silver）的证实。拉里·西

---

[1] 原书出版于2018年。

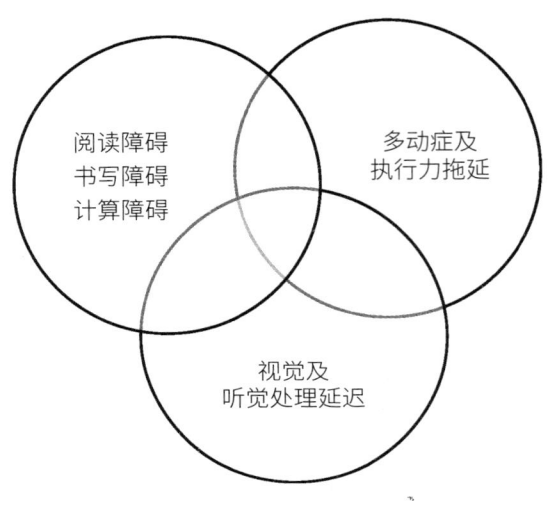

基于语言的学习障碍共现图

尔弗是一位医学博士,也是《被误解的注意缺陷多动障碍儿童及给其父母的建议》(The Misunderstood Child and Advice to Parents on ADHD)一书的作者。西尔弗主张将常见的学习差异理解为大脑功能紊乱的连续体,这些紊乱经常同时发生。上图展示了常见的基于语言的学习障碍状况间的重叠。

■ 学业优秀需要的两部分大脑功能

学习吃力的孩子通常在语言技能发展和执行力方面有潜在问题。其中任意一个方面——很多孩子两个方面都有——的问题往往会导致明显的学习障碍。事实上,学习障碍专家玛

语言系统包括	执行系统包括
听	注意力
说	专注
读	努力
写	情绪管理
	组织力
	规划力
	记忆力

莎·登克拉（Martha Denckla）谈到学业优秀需要的能力时，坦率表示："学业优秀只需要两部分大脑功能，一个是你的语言系统，另一个是你的执行系统。"[1]

不幸的是，对于许多有 LBLD 的孩子来说，这两个关键系统的发展可能会有明显的迟滞。学校的课业要求会迅速压垮他们，导致他们很快落后。

解决这些障碍的一个常见方法是单项补救，其逻辑是：如果把一个孩子的困难简化为某种特定技能的缺乏，就可以解决影响他学习能力的更全面的问题。但这种简化的方法并没有为许多学习吃力的孩子带来预期的结果。虽然方法的针对性强，但这些孩子仍在他们的整个受教育过程中，乃至生活中苦苦挣扎。

以一种全面的方法解决 LBLD 问题，同时优先考虑孩子与

---

[1] Denckla 2013。

父母和老师之间的关系，是更为有效的方法。

萨拉的故事

萨拉的父母带着她来到我的办公室时，我看到了一名可爱的7岁女孩。她面容圆润，笑容灿烂，棕色的眼睛透出欢快的感觉，她还有一头乌黑的鬈发。蹒跚学步时，萨拉和大多数同龄的健康孩子一样，积极探索世界，并与周围人分享自己的发现，乐此不疲。4岁的时候，她已经有了良好的社交技能，知道该如何让自己开心，兴趣广泛，充满好奇心。

萨拉上的是当地一所声誉良好的公立幼儿园。从外表看，她健康、正常；她与同学相处得融洽，表现也很好。但父母注意到她与同龄人有一些细小的差别。她说话的时候很简洁，发音称不上可爱，但比较独特，比如，她称自己最喜欢的食物意大利面为"利大意面"，把弟弟的名字"迈克尔"说成"米各尔"。

萨拉的同学会从1数到100，会背诵字母表，会拼写自己的名字，会自己系鞋带，而这些事情萨拉都不会做。她开始意识到自己的不同，每次意识到自己落后，她都会不由自主地感到焦虑。

萨拉艰难地读完了幼儿园，但成绩很好，于是顺利上了一年级。一年级开始后，她在阅读、写作、拼写和数学方面仍然落后于同龄人，口语能力发展也迟滞了。她很难正确说出一些常用词和朋友的名字。随着这一学年的推进，萨拉明显感觉到自己越来越听不懂老师的指令。她努力让自己跟上课堂进度，努力把字母和数字都写对、写清楚。萨拉的朋友很快就学会了歌曲中的单词、简单棋类游戏的规则和拼拼图的策略，萨拉却很难做到这些。

萨拉的父母尝试过在家里帮助她，正是这样，才让他们逐渐意识到女儿的不同之处。他们带萨拉去看儿科医生，说明了自己的担忧。医生检查了萨拉的听力和视力，发现都很正常。那是出了什么问题呢？

■ 哪些表现才说明孩子有基于语言的学习障碍

萨拉的故事可以帮我们理解基于语言的学习障碍是如何在孩子上学早期表现出来的。萨拉不仅口语和写作能力发展缓慢，也很难理解基本的数学问题以及那些与她年龄相匹配的任务，比如系鞋带和拼拼图。

虽然我通常是整体解决LBLD问题，但是弄清楚像萨拉这样的孩子面临的特殊挑战也很有帮助。实际上，我也是按照"基于语言的学习障碍"这一统称下涵盖的常用类别来整理本书逻辑的。只有了解了有LBLD的孩子所面临的常见挑战，你才能设计出一套精心定制的整体方案来满足他们的特殊需求。

什么是阅读障碍

阅读障碍（dyslexia）主要是一种阅读缺陷，但也会影响学习和表达的许多其他领域。所以，阅读障碍是广义 LBLD 下的一种典型案例。

几十年来，阅读障碍一直被视为一种独立的学习障碍类型。一些专家认为，"阅读障碍"这个词应该仅指那些有阅读障碍的人。另一些专家认为，阅读障碍指的是一系列影响广泛的神经系统差异，其影响包括听、说、读、写、排序和记忆等能力。但所有专家都认可，阅读障碍可以解释为什么有的孩子在阅读方面比同龄孩子困难。阅读上即使是微小的迟滞，在短短几年内也会带来应学内容与实际学到内容的巨大差距。

由于有阅读障碍的孩子往往逃避阅读，这种差距会表现得更为明显。这种逃避可以理解，因为对他们来说，阅读确实很费劲，但这种逃避会让情况变得更糟。这种现象被称为"马太效应"，这是阅读专家基思·斯坦诺维奇（Keith Stanovich）创造的术语。在《圣经·马太福音》的一则故事中，富人越富，穷人越穷。对年幼的学生来说，擅长阅读的人读的东西越来越多、能力越来越好，而不擅长阅读的人读的东西越来越少，会被同龄人甩在身后越来越远。随着时间的推移，阅读能力的差异会变得明显，并开始影响词汇掌握和理解等其他学习领域。其他能力，比如口语和写作，也会受到阅读量的影响。对许多有阅读障碍的孩子来说，这些方面的发展迟缓会削弱他们的自尊心，降低他们完成学业的动力，而这两个问题又会进一步影响他们在学校的学习能力。

什么是书写障碍

有书写障碍（dysgraphia）的孩子在写作的大部分方面都有困难。写作和阅读的发展轨迹类似，都是从基本技能（如认字）发展到复杂技能（如理解）。在很小的时候，孩子就开始了解如何书写单独的字母、拼写简单的单词，以及将单词组合在一起来表达思想。这些环节的任何方面出了差错都会导致书写障碍。

此外，熟练的写作需要良好的执行力，这就是为什么患有注意缺陷多动障碍和执行功能缺陷的孩子总是写不好。写作任务需要很多独立的技能，一个在学习或情绪健康方面有困难的孩子，在尝试写作时很容易遇到挑战。

什么是计算障碍

计算障碍（dyscalculia）是一种数学学习障碍，与阅读障碍和书写障碍有很多相似之处。有计算障碍的孩子在计数、识数、编号、理解金钱和报时等基础数学方面存在困难。大一点的孩子如果不会加减乘除等基本运算，也可能有计算障碍的情况。

和书写一样，数学运算也要遵守很多规则。患有计算障碍的孩子通常在学习和记忆这些规则方面有困难，因此，他们学习数学时需要更直接的指导。计算障碍和阅读障碍经常同时发生，这意味着存在计算障碍的孩子在理解书面指示、例子和文字问题方面也可能存在困难。

根据我的经验，许多被诊断为计算障碍的孩子会对数学产生焦虑，这会进一步削弱他们学习和解决数学相关问题的能力。确定你能为孩子提供哪类以及多大程度的帮助时，这种情绪因素也需要考虑进去。

什么是口语和视觉处理挑战

一般来说，对听到或看到的信息加以处理的能力需要经过学习培养。我要说的不是听觉敏锐度或视觉敏锐度，而是指看到或听到的信息是如何被处理、保留和回忆的。有 LBLD 的孩子在口语处理和视觉处理方面都表现出明显的发展迟滞，因此，他们在课堂内外都无法有效学习。但幸运的是，如果你的孩子口语和视觉处理能力发展较慢，有很多方法可以帮助他。帮助这类孩子的关键在于想办法帮他们处理和记忆所学的重要内容。

什么是注意缺陷多动障碍和执行功能障碍

过去十年间，注意缺陷多动障碍通常被认为是执行功能缺陷的一种。患有 ADHD 和执行功能障碍（executive functioning disorders）的孩子很难集中注意力、整理学习材料和管理时间。因此，可以预想到这类孩子在完成学习任务方面很困难。比如，如果孩子受到 ADHD 的影响，在阅读

> **对帮助的持续性需求**
>
> 我想再确认一下你可能已经知道的事情：大多数基于语言的学习障碍都不会消失。有 LBLD 的孩子在整个教育生涯中都需要帮助。随着孩子个人能力的发展，他所需要的帮助类型及程度都会发生变化。有时候，孩子可能只需要一点帮助，但有时候可能需要很多帮助。偶尔，你还可能会发现孩子需要的帮助超出了你的能力范围。在这种情况下，我的建议是找其他人一起合作，来为孩子提供所需的更多帮助。与这些人分享本书中提供的观点和策略也可以让你们的意见保持一致。

时无法集中注意力，那他与阅读能力发展缓慢的孩子是一样的——无法通过阅读来学习材料。

■ 孩子的学习环境与自身能力的关系

你和孩子之间的关系很重要，同样，孩子与其学习环境之间的关系也很重要。在校外，根据孩子的需求调整环境相对简单，而改变学校环境则并不容易。但也并非毫无希望。

黛博拉·瓦贝尔（Deborah Waber）和简·霍姆斯·伯恩斯坦（Jane Holmes Bernstein）的研究成果很有帮助，她们建议我们将学业挑战视为学校环境的需求和期望与孩子自身的能力不匹配。存在这种不匹配时,一系列灾难性事件会很快发生,孩子也无法学习。不幸的是,孩子往往因此会被视为问题孩子,这可能会导致孩子认为自己天生就有缺陷,从而给孩子带来深深的消极想法。这些想法会影响他们很多年,甚至贯穿一生。

积极合作可以解决孩子能力与其所处环境不匹配的问题,会让你和孩子之间的联系加强,让双方都感到更有动力。重要的是,这个方法可以让你和孩子处于同一战线。接下来,我会教你一些方法,这些方法甚至可以把最具挑战的学习环境变成对孩子有帮助的体验。

结　语

孩子所处环境的挑战

"基于语言的学习障碍"这一概括性术语考虑到了孩子表现出的许多领域重叠的学习挑战，提升了教学及帮助学习迟滞孩子的整体性方法。这就是为什么本书能涵盖所有 LBLD 情况，也是我推荐你认真阅读每一章的原因。比如，可能你觉得你的孩子有阅读障碍，没有计算障碍，但发现这两种学习挑战之间有许多相似之处，而我提供的策略又大不相同时，你会十分惊讶。我希望你把每一章都当作工具，你可以从中取用，帮助孩子获得理想的进步。我分享的这些方法适用于孩子上学期间的任何时候。

我也希望你把孩子所处的环境视为可能面临的挑战。作为成年人，如果有意识地努力使环境更好地与孩子的学习和行为需求相匹配，我们就能更好地帮助孩子在学校取得成功。

第二章

正确评价孩子

在本章的第一部分，你将了解美国的公立学校是如何识别和解决学生的学习和行为差异的。在本章的第二部分，孩子没有上公立学校，或正在寻找第二选择的家长将了解可以利用哪些资源独立对孩子进行评估。在美国，理论上，无论孩子上的是公立学校、私立学校还是家庭学校，都可以获得相应的辅助资源。

美国法律规定，公立学校必须查明并处理影响孩子学习能力的学习和行为问题[1]。私立学校、宗教学校、独立学校和家庭学校则没有此要求。然而，近些年来，一些私立学校和宗教学校为学生提供帮助和住宿的意愿也在提高。事实上，其中一些学校是专门为有基于语言的学习障碍的孩子设置的。还有一些学校不愿意承认学生之间的学习差异，也不愿意提供

---

[1] 根据2004年美国颁布的《残障人士教育法案》（IDEA 2004）。

任何程度的帮助。

无论孩子就读的是哪种类型的学校，有效帮助有 LBLD 的孩子都需要家长的高度参与，孩子会因为家长是他的头号拥护者而受益良多。了解自己孩子面临的挑战是什么，对家长而言会是个不错的开端。你可能已经意识到了孩子的困难，但随着孩子的学习挑战变得越来越大，学校的要求始终超过孩子的能力时，就必须要听听专家的建议了。

如果孩子有以下常见表现，评估和干预就可能对孩子很有帮助：

·孩子不喜欢学校，经常要求待在家里。

·孩子在上学前表现得非常焦虑。

·孩子抱怨学校，讨厌做作业。

·孩子似乎不清楚他在学校学到了什么，并且讨厌讨论学校。

·孩子通常成绩很差。

·孩子很难做好任何层次的组织工作。

·孩子为完成家庭作业和准备考试花了很多时间，但他无法掌握学习技能或理解学习内容。

·老师说孩子在课堂上跟不上。

·家长和老师用了很多方法来帮助孩子，但一两个月过去了，似乎没有成效。

如果家长怀疑自己孩子的能力远低于应有水平，那就该寻求帮助。还记得上一章的萨拉吗？让我们来看看她是如何受到基于语言的学习障碍的影响,以及我们采取了哪些措施来帮助她。

萨拉的故事(续)

进入小学一年级后,萨拉的父母对女儿完成简单家庭作业所需要的帮助程度感到惊讶。对萨拉来说,作业似乎很难,做作业花费的时间也比父母预期的要久得多。很多时候,萨拉因为无法承受这种挫败感而哭泣。但看到萨拉聪明可爱,适应能力强,她的父母便没那么担忧了。萨拉与每个人都相处得很融洽,她还喜欢研究海洋生物。

一年级的老师告诉萨拉父母,她在学习上似乎比同学更吃力一些。在得到儿科医生"萨拉很健康、很正常"的确切回复后,萨拉的父母得出结论,他们女儿的发育轨迹与其他人略有不同,一切都会好起来的。毕竟,萨拉的妈妈也是大器晚成,而且一切都很顺利。

一年级上到一半,萨拉的父母收到告知,他们的女儿将开始通过学校提供的"应对干预"(response to intervention,RTI)获得额外的教育帮助。萨拉父母得知后大受鼓舞,很高兴自己的女儿能够获得学校更多的帮助。

■ 学校对学习障碍孩子的帮助

在美国,全美的公立学校都被要求查明并帮助那些在学习上有困难的孩子。联邦法律规定，所有孩子都有权在限制最少的环境中接受免费和适当的公共教育（《残障人士教育法案》，2004）。所谓"限制最少的环境"，指的是尽可能接近普通教育的环境。只有确定孩子的教育需要离开普通教育环境之后，才能将孩子安置在资源教室、特殊日班、特殊教育学校等限制较多的环境中。

应对干预（RTI）

公立学校在孩子开始遇到困难的时候通常会启动应对干预程序。应对干预包括三个等级：一级、二级和三级。等级越高，提供的帮助就越多。

RTI 等级：避免"坐以待毙"

RTI 是美国教育系统中相对较新的项目。这一项目的启动是为了避免以往存在的"坐以待毙"现象。RTI 是一种积极措施，能够在学生掉队之前为其提供帮助。

在公立学校系统中，那些在课程学习上有困难的孩子会得到更多针对性的课堂帮助。其中，一级帮助通常会持续 5~8 周，在此期间，学生将接受评估，要么回到常规教学，要么转入 RTI 二级。

二级是小组式课堂教学，通常提供不到 20 周的补习和补充指导。在小学阶段，接受二级帮助的大多数都是阅读和写作技能发展缓慢的孩子[1]。因此，二级教学通常侧重阅读、写作和拼写的补习，通常是每次 30 分钟，每周 3～5 天。但这些时间可能无法充分满足 LBLD 孩子的学习需求。

获得二级帮助后仍有困难的孩子将转入三级。三等提供的帮助时间更长，每个上学日有 45～120 分钟，平均每个老师负责 1～3 名学生。三级帮助通常侧重于补习，并提供更多机会让孩子在教师的帮助下完成学习[2]。

除教师观察，二级和三级的帮助均无其他资格要求。对一些孩子来说，这些额外的教学指导就足够了。但对于许多孩子，特别是那些有 LBLD 的孩子来说，还需要 RTI 以外的支持。

萨拉的故事（续）

虽然萨拉获得了二级帮助，但在学年结束时，萨拉的老师还是建议她重读一年级。经过深思熟虑，她的父母劝说老师和学校管理人员不要让她留级。他们知道萨拉想和她的朋友在一起，并指出，无论是生理上还是心理上，萨拉都是一个正常且精力充沛的孩子，和同龄人相处得很好。虽然不太情愿，但学校还是同意让萨拉升级。

1　IDEA 2004。
2　IDEA 2004。

> ## 关于留级的简要说明
>
> 多年来，成绩不佳的孩子重读一年非常普遍，这种做法叫留级。这一直是个有争议的话题。目前有证据表明，在大多数情况下，留级并不是最好的做法[1]。单凭重复学习不一定能让孩子熟练掌握课程内容；多一年的发展成长也不一定会解决孩子能力发展迟滞的问题。但根据我的经验，留级在某些情况下也有效果，是否让孩子留级应全面考虑后再决定。

萨拉的故事（续）

尽管接受了二级和三级的帮助，萨拉二年级时学习仍然很吃力。沮丧和焦虑经常会爆发，萨拉也有一段出现破坏行为的时期。课间休息时，她经常因为不遵守班级规则而被罚留堂，也经常因为不做家庭作业而受到训诫。老师叫她朗读时，她吓得呆住了。她的课堂作业、考试和测验成绩都远低于同学。然而，有一件事她掌握得很清楚：她不是一名好学生。

二年级的头几个月，萨拉的父母注意到她成绩在走下坡路。他们不知所措。在家里，萨拉还是那个聪明细心的小女孩。她对弟弟很好，在家庭聚会上也很有礼貌，大家都夸赞

---

1 Jimerson 2001。

她表现很亮眼。萨拉的朋友也都很喜欢她，她有一种非凡的能力，总能画出一些千奇百怪的生物。为什么她作为孩子如此优秀，作为学生却如此吃力呢？她的父母非常担心自己的女儿，以及她的未来。

504计划：调整孩子的课堂

在某些情况下，如果孩子在学校学习吃力，老师、家长或学校管理人员可以要求实施504计划。504计划基于1973年美国颁布的《康复法案》(Rehabilitation Act)第504条的规定而来。如果一个孩子表现出的学习或行为差异妨碍了自身学习能力的发展，就可以实施该计划。启用504计划不需要给出具体诊断，但需要召开仅由家长、教师和学校管理人员参加的学校会议。504计划是一系列以书面形式传达的便利措施，可小幅调整孩子的课堂教学[1]。这些调整包括优先选择离老师近的座位、延长考试时间、减少干扰的考试地点、减少家庭作业、帮助做笔记，以及协助完成其他课堂职责等。

只要孩子的教育需求能够在普通教育环境中得到满足，就可以实施504计划。如果孩子需要的帮助超出了504计划的范围，就要考虑采取个别化教育计划。由于504计划没有明确针对特定的学习或行为障碍，仅仅实施504计划并不能使学生获得特殊教育服务，比如学习专家的支持、资源教

---

[1] Rehabilitation Act of 1973.

室、特殊日班或其他学习环境的安排。504计划不要求评估学生是否有资格接受特殊教育服务，所以该计划实施起来快速且方便。

萨拉的故事（续）

本学年的第一次家长会后，萨拉的父母越来越担心。萨拉二年级的老师普莱斯女士告诉萨拉父母，他们的女儿在课堂上很难跟上进度。萨拉总是显得不知所措，无法遵循课堂上的指令。普莱斯女士表示，萨拉很少举手回答问题，点到她回答时，她也很难理清自己的思路。老师需要经常提醒萨拉不要在课堂上画画，不要在该做作业的时候看窗外。她的桌面很乱，经常丢东西。萨拉的父母得知他们帮助女儿一起完成的作业从来没有交上去过，感到非常震惊。

萨拉的父母受够了。在普莱斯女士的帮助下，他们要求学区对萨拉进行评估，搞清楚她为什么会这样吃力。几周内，学区的一位心理专家完成了对萨拉的全面教育评估，并向她的父母提供了一份报告，详细描述了她的学习特点。

测试结果显示，萨拉的阅读、写作、拼写和数学能力远远低于她这个年龄应有的水平。报告显示萨拉符合特定学习无能（specific learning disability，SLD）的症状，其中包括阅读障碍等学习问题。测试还显示，萨拉在某些注意力和记忆力方面有明显缺陷，这表明萨拉也符合其他健康受损（other health impaired，OHI）的标准，其中包括注意缺陷多动障碍等问题。特定学习无能和其他健康受损是 2004 年《残障人士教育法案》涵盖的 13 项资格标准中的 2 项。由于符合这些资格标准，现在就能够对萨拉实施个别化教育计划，为其提供特殊教育服务了。

个别化教育计划（IEP）：评估孩子的学习或行为

如果孩子在学校表现出明显的学习和行为差异，单靠 504 计划可能是不够的。在这种情况下，孩子的父母或学校可以寻求个别化教育计划（individualized education plan，IEP）的帮助。个别化教育计划由《残障人士教育法案》授权进行。除此之外，《残障人士教育法案》还保证每个孩子都能接受免费和适当的公共教育[1]。

个别化教育计划资格评估期间，学校会指派一名评估员来评估孩子。评估员一般是学校的心理咨询师，接受过各种教育和心理评估的培训。在某些情况下，学校会要求更多测试，以便更好地理解孩子表现出的学习或行为挑战。该测试由合格的专家组织独立教育评估（independent educational evaluation，IEE）进行。

孩子纳入个别化教育计划并有资格获得特殊教育帮助的过程十分复杂，涉及许多学校工作人员。下列是纳入个别化教育计划所需的步骤：

1　IDEA 2004.

1. 该学生被认定在学校学习障碍，无法学习课程。
2. 推荐评估该学生。
3. 评估确定该学生有严重缺陷，会对其掌握课程内容的能力产生不利影响。
4. 缺陷符合《残障人士教育法案》规定的13个资格类别中的一个。
5. 召开个别化教育计划会议，确定学生需要哪些额外支持才能掌握课程内容。参加会议的包括以下人员：学校心理咨询师、普通教育的老师、特殊教育的老师、学校领导、学校护士、学生、学生父母，以及学生父母邀请的其他人。

个别化教育计划规定了学生所需的补充帮助服务和其他教学便利，还包括一份具体的学习目标清单和实现这些目标的时间表。如果家长觉得这些帮助还不够，可以提出更多请求。如果这些请求被拒绝，父母可以提出上诉，通过上诉程序寻求更多帮助。个别化教育计划并不对孩子遇到的学习挑战提供具体诊断，只是确定孩子是否符合接受特殊教育的标准。

《残障人士教育法案》涵盖的13个资格类别

1. **特定学习无能**是指在理解或使用口语及书面语时涉及的一个或多个基本心理过程中出现的障碍，可能对孩子的听、想、说、读、写、拼或数学能力产生不利影响。特定学习无能包括阅读障碍、书写障碍和计算障碍。

2. **其他健康受损**包括一系列身体疾病和健康问题，包含影响记忆和注意力的有限精神警觉性和高度精神警觉性。注意缺陷多动障碍是其他健康受损中的一种。

3. **自闭症**是严重影响语言和非语言交流及社交互动的发育障碍。其他特征包括参与重复性活动、抵抗环境变化或日常生活的变化，以及对感官体验的异常反应。

4. **言语或语言障碍**包括口吃、发音障碍、语言障碍或语音障碍。

5. **智力障碍**是指智力水平明显较低，社交和生活技能面临重大挑战。

6. **情绪异常**包括广泛的精神障碍，如普遍的抑郁、焦虑和恐惧，还包括精神分裂症等疾病。情绪异常包括不恰当的行为或感觉，以及无法与同龄人建立或维持满意的人际关系。

7. **视觉障碍**是指视力受损（包括失明），即使视力经过矫正，也会对孩子的学习表现产生不利影响。

8. **耳聋**是指严重的听觉障碍，孩子在通过听力处理信息方面受到损害。

9. **听觉障碍**是指会对孩子的学习表现产生不利影响的听力功能障碍，但不包括在耳聋定义中的听力功能障碍。

10. **视听障碍**是指听力和视力都受损。

11. **肢体障碍**是指会对孩子的学习表现产生不利影响的严重骨科残疾。

12. **创伤性脑损伤**是指外力对脑部造成的后天性损伤。

13. **多重残疾**是指相伴随的损伤（比如智力障碍—失明或智力障碍—肢体障碍）。

以上内容基于美国《残障人士教育法案》（IDEA）2012版的第34 CFR § 300.8节。

孩子在个别化教育计划中获得的许多服务是根据需要设置的：

嵌入式帮助是指特殊教育老师在常规教育课堂中为一名或多名学生提供帮助。这种帮助可以出现在部分课堂中，也可以贯穿全部课堂。

资源教室是校园里的一个房间，孩子在那里可以接受特定技能或特定科目的帮助。资源教室老师的帮助范围也十分广泛，从课堂作业的额外辅导到补充的技能指导，再到辅导某一特定课程（如阅读）的所有内容。孩子们可能每周会在资源教室待1～7个小时。如果一个符合个别化教育计划标准的孩子在阅读、写作、拼写或数学方面需要明确的补习，或者常规课程的内容超出其接受能力，就应该考虑启用资源教室。

特殊日班是为有明显学习迟滞和行为差异的孩子设定的。特殊日班的孩子全天都会在这个班上课，接受所有科目的学习。如果普通教育项目不能满足孩子的社交、情感或学习需求，就应考虑将孩子安排在特殊日班。

特殊教育学校和寄宿学校因其学生人数不同而有很大差异。一些学校是为学习和行为有严重差异的孩子设计的，而另一些学校只是为有 LBLD 问题的学生设计的。由于其涵盖的范围很广，在选择学校时最好先研究一番，询问特殊教育学校择校专家的建议。

如果我不同意所提供的评估或计划怎么办

如果对学校的评估结果或学校提供的补充帮助有异议，可以通过上诉程序提出异议。你也可以寻求独立评估，更好地确定孩子学习和行为差异产生的根源。

■ 如何评估判断孩子的学习障碍

对学生及其家长来说，没有什么资源比一份严格实施、独立评估的书面报告更有价值了。我有幸与一些优秀的临床医生合作过，他们负责测试并撰写报告和建议，解决在学校遇到困难的孩子的社交、情感和学习问题。了解孩子的学习障碍可以帮助你和孩子的老师制订有效的帮助计划。对许多父母来说，与接受过学习障碍诊断培训的临床医生合作是确定孩子学习状况和需求的最有效途径。

许多父母会寻求阅读专家、演讲和语言专家、教育心理学家或神经心理学家等私人评估者独立评估孩子。学区可能承认，也可能不承认这些独立评估的结果。但即使独立评估不是用于获得学校帮助，也仍能够为那些寻求学校以外帮助的家长或想要知道孩子遇到困难的根本原因的家长提供更多信息。

在私立学校就读的孩子可能需要独立评估,从而在课堂上获得帮助和调整。在寻求独立评估之前,家长应该意识到有许多不同类型的评估,以及提供评估的个人种类繁多。

如果你的孩子在学习上有困难,你想更好地了解原因,建议你给他做一次私人评估(大多数情况下,学校评估将提供足够的信息,能适当解决孩子的社交、情感和学习需求。学校评估旨在确定孩子是否有资格在学校接受特殊教育的帮助或治疗,并不诊断是否有特定的学习或行为障碍)。要想确定孩子是否有特定的学习或行为障碍,还是需要做私人评估。

神经心理学和心理教育评估判断

在安排全面测试之前,第一步最好是寻求该领域专业人士的意见。比如,如果你的孩子在阅读和写作方面有困难,请首先从阅读和写作专家那里获得非正式评估。如果评估发现有明显的问题,你再考虑向心理专家或神经心理专家寻求更详细的评估。

最被广泛接受的学习和行为评估形式是由神经心理专家进行的神经心理学评估。神经心理专家是拥有心理学博士学位,并在神经心理测试领域接受过专门培训的专业人员。除了神经心理专家,还有许多其他的临床医生,比如教育心理专家和临床心理专家等,可以提供许多有关孩子学习和行为需求的优质信息。

在为孩子寻求教育、心理、心理教育或神经心理学方面的评估时，请记住，有许多不同的专业人员提供这些服务，他们的资质千差万别。许多受过训练的教育工作者能够做基本的筛选评估，确定孩子的阅读、写作或数学能力，但其他的许多评估需要专业知识，选择医生时要仔细审查。有许多可靠的来源可以帮助你找到合格的专业评估人士：

· 学校管理人员

· 学校心理咨询师

· 学校辅导员

· 儿科医生

· 心理学家或精神病学家

· 治疗师或临床医生（家庭治疗师／执业临床社工）

· 专业组织的网站，比如美国心理协会（American Psychological Association）和美国言语语言听力协会（American Speech-Language-Hearing Association）

一旦确定了可能的评估者，请花一些时间研究他的资质。选择临床医生时，你要知道：

· 他们在哪里取得的资格证书

· 他们的专长是什么

· 他们从医多长时间了

· 评估费用是多少

· 他们什么时候有时间见你的孩子

· 测试之后多久可以拿到结果

- 他们是否可以提供方便你用来寻求帮助的报告格式
- 他们是否隶属于专业组织

大多数测试要进行好几天，每天可能要花好几个小时来测试和评估。评估者通常先与父母就孩子的情况面谈，尽可能多地收集孩子过去的信息，然后通过安排测试、请家长和老师填写问卷以及观察孩子在测试过程中的表现的方式来收集更多信息。

最全面的评估内容一般涉及以下领域：
- 一般智力
- 阅读和写作能力
- 数学能力
- 注意力
- 学习能力和记忆力
- 视觉处理
- 听觉处理
- 社交技能

一旦测试完成，评估者将创建一份孩子个人的学习和行为特征档案，用于形成关于孩子的书面报告。报告将会解释为什么孩子会表现出那些让父母操心的学习和行为特征。报告也会为父母提供一系列建议，让他们能够在学校、家里和外面的世界帮助孩子。

评估者也可能会建议孩子在学习和行为的不同领域接受专家的帮助。以下是他们可能会推荐的一些专家门类：

言语治疗师。言语治疗师可以解决孩子一系列的口语能力和听力问题，包括言语的外在特性：发音、口吃、语调、节奏等。他们观察孩子对语言的运用，包括发起对话、改变对话中的主题、维持交谈、理解修辞性语言等。如果孩子很难听懂别人的话，或者很难表达自己想说的内容，就应该去寻求言语治疗师的帮助。

作业治疗师。作业治疗师可以帮助孩子发展一系列精细运动技能和大肌肉运动技能。在学校里，作业治疗与课业有关，因此书写、绘画和使用剪刀等可能需要获得与精细运动技能发展相关的帮助。在校外，刷牙、系鞋带、扣扣子和使用餐具等精细运动技能是基本生活所必需的。大肌肉运动技能涉及肌肉张力和协调能力。需要发展大肌肉运动技能的孩子可以从叠衣服、铺床、收集书籍、清理背包，以及锻炼肌肉力量、手眼协调和平衡能力等任务中获益。

阅读专家。阅读专家可以帮助那些阅读能力发展迟滞的孩子。有充分的证据表明，对表现出阅读能力发展迟缓的孩子进行早期识别和干预将有所帮助，但这并不意味着孩子的阅读障碍就结束了。通常情况下，随着阅读需求在高中阶段变得更加复杂，小时候就有阅读障碍的孩子很可能会再次出现阅读障碍。此外，重要的是要记住，尽管许多类型的阅读教学都可以提高阅读的自动化程度（即快速识别印刷文字的能力），但要做到理解所读内容则需要不同的能力，应该分别解决。

数学专家。如果孩子长期数学学习障碍，或者父母觉得学校没有提供足够的指导，数学专家会很有帮助。数学困难通常包括三种类型中的一种或多种：第一类是不能准确理解数字和数字的意义，即数字是如何书写的，以及数字的含义。第二类与语言理解有关，即很难将数学应用题转化为数值方程——这一类型的困难是个很好的例子，说明一个领域的学习障碍会影响另一个领域的学习，如阅读障碍影响数学学习。第三类主要问题是难以掌握常用数学规则的基本概念，例如减法运算时需要从十位或百位中借用的规则。通常情况下，需要借助教具、模型和专业的指导来充分教授这些概念。数学专家可以找出孩子在数学学习上吃力的原因，然后制订并实施数学提升计划。

注意缺陷多动障碍教练。注意缺陷多动障碍教练可以帮助解决患病的孩子面临的组织和时间管理方面的挑战。他们与孩子及其父母共同努力，一起制订和实施策略，解决孩子面临的潜在挑战。许多策略的实施都需要家长或辅导老师持续地提供高水平的帮助，因此家长的参与至关重要。

教育治疗师。教育治疗师可以提供补习指导、提升学习技能、教育评估、评估教育需求、确定适当类型的帮助和干预，还可以帮助并管理存在多种学习差异的学生群体[1]。目前，教育治疗师在美国还不是一个正式的职业。也就是说，教育治疗师持有的证书由一些组织颁发，这些组织提供培训，并要求教育治疗师遵守专业标准和道德规范。

课业辅导老师。课业辅导老师非常有帮助。辅导老师这个

1　Ficksman and Adelizzi 2010.

职业正在飞速发展，有很多老师不仅擅长帮助学生，而且擅长帮助家长。你和辅导老师通过合作给孩子提供的帮助，可能正是孩子适应学校需求、有效学习和取得好成绩所需要的。要确保辅导老师具有足够的经验和资质。

结　语

给孩子提供帮助

如果孩子的表现没有随着时间的推移而发展进步，父母自然会担心并尽其所能地提供帮助。作为父母，你最应该在孩子的学习生活上提供帮助。当孩子无法跟上学校需求时，家长可以与老师建立联系、定期保持沟通，用这样的方式帮助孩子。通过与孩子的老师合作，家长可以在课堂上寻求更多的帮助。

如果家长想寻求常规课堂以外的更多帮助，也有很多选项可以选择。如果孩子在公立学校上学，你可以利用504计划或个别化教育计划提供的资源。你也可以寻求独立评估者和学习专家的意见、建议和帮助，了解并解决孩子的需求。要记住，孩子很少能同时发展多项技能。遵循专家建议时，要优先处理最重要的问题。举个例子，如果你患有注意缺陷多动障碍的孩子数学考试不及格，那么要想数学取得进步，找数学专家求助可能比找注意缺陷多动障碍教练更有用。

在下一章中，我将阐述为什么以整体方式解决学习和行为挑战更有益，这种方法的关键在于，要在与孩子建立健康、积极的关系的背景下高度参与到帮助孩子的过程中。

第三章

用家庭团队目标设定法，
帮助孩子克服学习障碍

我所倡导的对 LBLD 孩子的帮助，需要整个家庭深刻转变其生活方式——而不仅仅是权宜之计。

我的方法是家庭团队目标设定法，通过为孩子和家人设定明确的目标，着重强调家庭协作和团队合作的必要性，为孩子在做好准备后尽快过渡到独立阶段奠定基础。要想用这种方法取得成功，你必须投入大量时间、精力及善意来改善孩子的学习体验。

刚开始和孩子打交道的时候，我会问他一系列问题。这么多年来问的问题差不多都是一样的。第一个问题一般是："你听说过流星吗？"（我曾经当过科学老师，对天文学很着迷。）这就引出了大多数学生觉得有趣的话题。在与孩子产生了一定程度的相处舒适感之后，我会问："在你上学这些年里，你最喜欢哪一年？"孩子说出最喜欢的年份后，我会问是什么让那一年如此特别。结果，不管孩子的年龄、性别、学习需求如何,答案都是一样的。日复一日,年复一年,孩子对最喜欢那一年的原因的回答都是:老师很"好"。

当我问"好"是什么意思时,从孩子们的描述中可以看出,老师对他们表现出了真正的关心和喜爱。老师热情又有耐心,善解人意,重视健康的人际关系。简而言之,老师很友好。

正念认知练习教我们要保持好奇心和专注,学会反思和欣赏,并与他人分享我们的观察和感受。这种生活态度给我留下了深刻的印象,它是一种善意的方式,是我帮助 LBLD 孩子的方法中的一个关键因素。关注孩子,首先要对孩子在学校内外的生活真正地感兴趣。如果你能对孩子充满好奇、理解和关心,你就是友好的。孩子做作业时留心一下,你就能知道孩子什么时候需要帮助,什么时候需要耐心,什么时候需要安静,什么时候需要休息。你也可以为孩子创造机会,让他来展示自己知道的东西,并以能够进一步激励孩子学习的方式来与孩子展开互动。

留心观察,你可能会惊讶地发现家庭作业是多么困难,而且会惊讶地发现孩子是多么有天赋。

我相信,你会深刻意识到孩子实际上付出的巨大努力。你将会更加欣赏孩子,并与他分享你观察到的东西和感到惊讶的事情。即使你还没有做到,但我相信你会利用这次机会和孩子成为队友。

所有人都想被善待,但所有人对孩子几乎都做不到太友善。这不是一个小问题,尤其对那些 LBLD 孩子来说,每一丝善意都很重要。我知道，在那么多年痛苦的学习生涯里，我经常觉得老师是因为我学得不够快而生气。但察觉到他们的不满之后，我也会生气，完全学不进去。

但我也会偶然遇到一些老师对我充满了耐心和尊重。他们的善意帮助了我的学习，这是愤怒和恐吓从来起不到的作用。我可能没有经常按照这些善意的老师期望的那样完成作业，但我的确从他们身上学到了东西。

或许我学到的最重要的一课就是在孩子有困难的时候如何表现出同情。这种意识至关重要，因为现在已有研究充分表明，在压力或焦虑状态下，孩子的学习能力会大大降低。然而，大多数有 LBLD 的孩子都处于长期的焦虑中。出于这些原因，我要再三强调，要想在学习上取得进步，帮助孩子减少在家和在学校的压力与焦虑至关重要。其他研究表明，积极的心态可以促进神经的可塑性，即技能发展和学习所需的大脑塑造能力。作为家长，你可以帮孩子获得安全感，使孩子平静下来，把事情理顺，从而促进孩子更好地学习。而那些超出孩子能力范围的愤怒、恐吓、威胁和要求会影响孩子的发展和学习[1]。

同情和友善可以给那些挣扎孩子的生活带来切实的改变，这个理念是我帮助有 LBLD 的孩子在学校取得成功的核心方法。要通过这种方法获得成功，你需要：

将健康的亲子关系置于学校要求之上。

1　Forbes and Post 2009.

- 为孩子完成家庭作业和准备考试提供必要的帮助。
- 做到这两件事后,你的孩子将能够完成作业、掌握更多知识,最终取得好成绩。

让友善在生活中发挥作用意味着改变你的心态,家长要尊重与孩子的关系,重视帮助他的机会。耐心和专注是尊重的基本要素。通过平时的反复练习,大脑实际已经对尊重十分熟悉[1]。一旦内心做好了准备,你就很容易把友善作为和孩子互动的基础,或者至少是大多数互动的基础。我相信,你越重视与孩子建立健康的关系,你的孩子在他往后的日子里就会过得越好。

这是我鼓励家庭做出转变生活方式的方法。它不是有着明确时间表的解决问题的措施,而是一种需要持续进行的帮助,而且只有整个家庭都接纳才会发挥作用。这种方法会很快见效吗?不会。容易做到吗?肯定不容易。那它管用吗?绝对管用。

■ 父母与孩子的关系比学习更重要

我让孩子们分享自己在学校的快乐经历是为了提醒他们,某些时刻,他们在学习的时候也是快乐的,学习也是愉悦的。这一点我也同样想提醒作为家长的你。你的孩子其实会喜欢学习,也会喜欢和你一起学习。

---

1 Lutz et al. 2004.

如果总是因为学习不好而破坏亲子关系，我们就会遇到问题。

生活中很容易看到这样的情况：快交作业了，父母就会变得暴躁；如果孩子不能及时掌握考试内容，父母也会变得焦虑；如果孩子学习需要的时间过长，父母又会变得心灰意冷。

孩子个人能力发展的时间线是独一无二的，强迫孩子去做他们不愿意做的事情会降低他们的自我价值感。

实际上，很多有 LBLD 的孩子长期焦虑的原因就在于，他们知道外界对自己的要求超过了自身能力。但在面对合理期望的时候，这些孩子会非常积极投入，他们会觉得自己得到了认可和接纳，他们的成功孕育着未来的成功。

将一个学生与另一个学生比较，并根据这种比较得出什么是正常发展或适当发展的结论，这似乎是没有成效的，因为这种比较假定存在"平均"这一水平。哈佛大学科学家托德·罗斯（Todd Rose）对这种统计比较的做法提出了异议，他建议我们要欣赏每一名学生。因为每名学生的发展速度都有相当大的差异，但这些差异并不意味着内在缺陷，而只是反映了学生与其环境需求之间的不匹配[1]。

还有一点很重要，请记住孩子总是易变的。他们今天能做某件事，并不意味着第二天还能够再做一次。父母如果一开始就了解这点，在帮助孩子的时候会更加轻松，在帮助孩子做那些你认为他自己可以完成的事情的时候，也就不会那么

1　Rose 2016.

沮丧。我来告诉你：如果孩子觉得自己做某件事很容易，那他就会做的！

必须认识到，帮助有 LBLD 的孩子通常意味着从小学到高中，甚至到大学早期，每天都要协助他们完成功课。这就是把亲子关系置于学业之上的重要原因。你们会在很长一段时间里经常合作。你和孩子的关系越牢固、越健康，你们就越有可能成为一个成功的团队。

■ 亲子学习：合作而不是"放手"

在治疗过程中，我经常会遇到两类孩子：一类因为成绩不好而感到羞愧，另一类因为需要父母的大量帮助才能完成作业而感到羞愧。其实两者都不需要羞愧。接受帮助是父母与子女之间建立牢固、健康的协作关系的基础。

所有的人际关系都是以依赖为基础的，依赖可以是健康的，也可以是不健康的。通过了解依赖的本质——接受必要的帮助，我们能使依赖变得更健康。如果你想让孩子变得独立，那就为他提供所需要的帮助。在孩子需要的时候不给予帮助，肯定会让你的孩子在未来的日子里都依赖他人。

父母自然都会受到孩子的依赖，辅导家庭作业很容易强化这种依赖。而长久以来，我们的观念一直是辅导家庭作业属于作弊，或者如果帮助孩子做作业，他就会一直依赖家长。

我听到过的父母提出的最大忧虑是："我的孩子得能够自己完成某事。"我向你保证，如果家长为孩子提供了发展技能和建立信心所需的支持，等他准备好了，他自然会寻求独立的。

在和孩子密切合作完成作业、积极地为孩子提供帮助的时候，家长就是友善的。如果在家长的努力下，孩子能够自在地接受帮助，家长就能够理解孩子面对的挣扎。

家长也可以通过认可孩子的天赋和努力来让孩子安心，让他知道这些品质在现在和将来都可助他一臂之力。最重要的是，通过采用我在这本书中提出的更友善的方法，家长可以向孩子传达出对未来的乐观态度。没有人会因为别人表现出的乐观而失望，尤其对一个在学校里苦苦挣扎的孩子来说，乐观的价值无可估量。

合作对家长和孩子都有好处。合作会让孩子意识到，原来学校布置的任务可以更快地完成，学习效果也更好。一起学习能帮家长评估孩子的技能水平，好根据需要调整帮助的策略。为孩子提供他们需要的帮助会增加他们努力学习的动力，因为成功的感觉很棒！

罗伯特·布鲁克斯（Robert Brooks）、萨姆·戈尔茨坦（Sam Goldstein）、理查德·拉瓦（Richard Lavoie）等著名教育专家认为，在影响孩子学习方式和内容的问题上，学习动力比其他因素更重要[1]。当更偏重协作教育时，我们可以通过培养积极的人际关系来提升孩子的学习动力。这种方式提供的合作帮助绝不是对孩子的放手。

1　Brooks and Goldstein 2001, Lavoie 2007.

慢慢地，当家长意识到孩子准备好了时，就要逐渐减少对孩子的帮助。为有 LBLD 的孩子辅导家庭作业并不会妨碍他们获得技能。事实上，一直让我感到惊讶的是，孩子一旦掌握了新技能，就会很自然地运用。但在此之前，帮助还是必需的。

■ 迂回策略：根据孩子的学习特点呈现信息

低年级的时候，一些 LBLD 孩子并没有被认定为学习障碍的学生，因为他们在阅读、写作、数学和执行能力方面都没有明显落后于同龄人。这就是为什么许多患有阅读障碍、书写障碍、计算障碍或注意缺陷多动障碍的孩子直到小学高年级才被发现，那个时候他们可能在基本技能发展方面远落后于同龄人。

后图说明了有 LBLD 的孩子**预期**技能发展情况和**迟滞**技能发展情况之间日益扩大的差距。该图适用于包括阅读、写作、数学或执行功能在内的任何领域的技能发展。尤其是在初中和高中低年级，你可以看到 LBLD 孩子的能力发展落后于同龄人很多年。

然而，特殊技能补习需要花费很长时间，尤其对年龄稍大的孩子来说更是如此。一个有明显能力缺陷的大孩子很难追赶上他的同龄人。尽管存在巨大的技能差距，但 LBLD 学生仍然有学习高等水平内容的能力，对他们来说，补习性的教学需求与获取和学习高等水平内容的需求同样重要，我们必须在这两方面取得平衡。要做到这点，就必须绕开那些发展迟

技能发展差距表

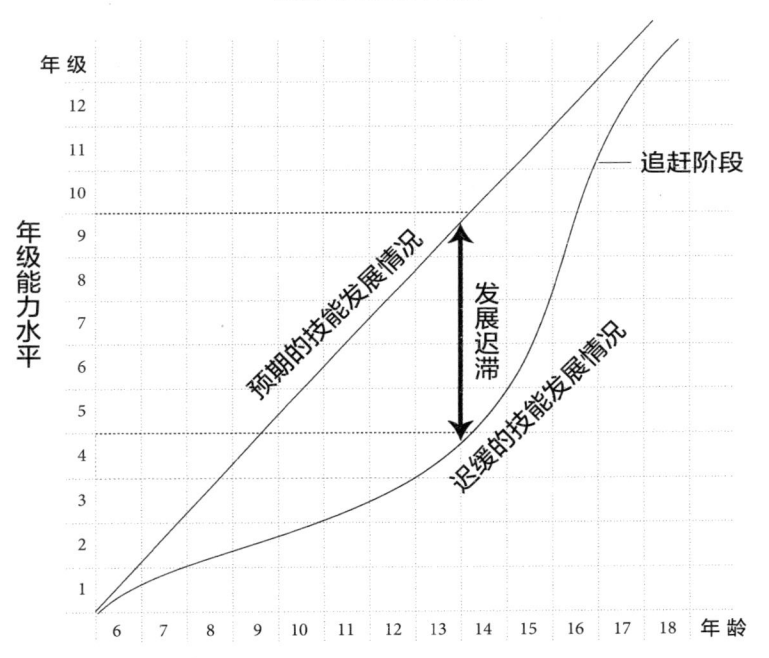

（图：纵轴为"年级能力水平"1–12，横轴为"年龄"6–18；上方直线为"预期的技能发展情况"，下方曲线为"迟缓的技能发展情况"，两线间标注"发展迟滞"，曲线后段标注"追赶阶段"）

滞的技能。在此书中，我提供了很多迂回策略，包括：

- 大声朗读课文，检查理解了多少；
- 在写作前和孩子谈话，交流文章组织架构；
- 听写作业；
- 用方格纸或自己分栏来让数学答案对齐；
- 大声阅读数学应用题题干，将其转换成图解；
- 积极利用作业时间，提高作业效率和完成度。

近年来，哈佛大学的教育专家戴维·罗斯（David Rose）

及其团队推行"通用学习设计"（universal design for learning，UDL）的概念。通用学习设计的方法包括根据每名学生独特的学习特点向他们呈现想法和信息，进行教学实践[1]。你可以利用通用学习设计的原则寻找孩子愿意接受的教学方法，并积极让孩子参与学习过程。当你发挥自己与生俱来的创意时，我相信你一定能找到有效的方法来帮助孩子学习并发展重要技能。在第九章中，我提供了一系列方法以帮助孩子处理和理解他正在学习的东西。

还有一点也很重要，要记住，尽管孩子的能力得到了提高，但他（哪怕已经升入高中）仍然需要你的帮助。基于语言的学习障碍是持久的。此外，你的孩子也将面临其他超出其能力的挑战，如繁忙的日程安排、更高要求的课程任务和大量的家庭作业。

■ 子技能耦合：三步完成学习目标

很多年前，我给 LBLD 孩子上课的时候发现，如果某项作业里包含的任务超出了学生的能力水平，那么很快就会发生一系列灾难性事件。

某项发展迟滞的技能，比如阅读，会导致他们无法阅读题干等指示，进而无法完成作业，最终导致成绩不及格。问题一个接着一个，然后这个孩子会迅速失控。

1　Meyer, Rose, and Gordon 2014.

20 世纪 90 年代初,我把这种现象命名为"子技能耦合"。简单来说,如果一种发展迟滞的能力使得另一种发展迟滞的能力情况严重恶化到无法完成任务时,就是发生了子技能耦合。这是妨碍孩子完成作业、影响孩子学习的一个重要障碍,之前没有被大众意识到。例如,在小学高年级,大家总是认为孩子已经具备阅读能力。

然而,如果一名学生阅读能力不强,那他的阅读任务就几乎不可能完成。所以,当一项技能滞后时,我们需要采用迂回策略来给予帮助。

除了阅读,孩子完成家庭作业还需要用到写作、计划、时间管理、组织和注意力等许多其他技能。如果一个孩子还没有掌握所有技能,就像许多 LBLD 孩子那样,期望他们能够独立完成家庭作业很不现实。

我工作中经常会遇到子技能耦合的情况。举个例子,几年前我开始帮助一名学生,她每周的词汇测试都不及格。我发现每周一老师都会在黑板上列出十个单词,要求学生把这些单词记下来、查清词义,准备好在周五测试的时候拼写和解释这些词。这个学生同时有阅读障碍和注意缺陷多动障碍。抄写单词、查单词、拼写单词和记忆词义等许多子技能让她不堪重负。

这个练习的主要目的是增加学生的词汇量,但我的学生很难准确地把黑板上的单词抄下来,这反过来又让她查不到单词的释义,也没法学会如何正确拼写单词。

为了完成这一学习目标,我主动索取了一份每周词汇表,为这个学生附上了每个单词的含义，并帮助她学习如何拼写单词和解释词义。在我的大力帮助下，她成功地理解了这些单词的意思，完成了主要的学习目标，在测试中表现得也不错。

避免子技能耦合的步骤

1. 确定每项作业的主要学习目标。 作业的目标是增加孩子的词汇量还是提高他的拼写能力？了解了主要的学习目标会更容易帮助孩子取得成功。举个例子，假如你的孩子每周都有词汇测试，你可以弄清楚单词是哪些，然后清楚地写下来，并为孩子标注好每个单词的简明含义。（记住：此时学习词汇是最主要的目标，你的工作是扫除学习这些单词的所有其他障碍。）在这一周里，你可以和孩子一起复习词汇，可以采用音乐、画画、抽卡片等孩子喜欢的方法，让记忆任务尽可能变得有趣。通过避开发展迟滞的技能来帮助孩子学习词汇，这是主要目标。

2. 对每项任务逐步细分。 要帮助孩子专注于任务中有助于他实现主要学习目标的方面，仅此一点就足以使整个任务顺利进行。如果特定的任务超出了孩子的能力，或让孩子的注意力偏离了主要的学习目标，就要积极帮助孩子完成任务。举个例子，假如你的孩子有一项历史作业，包括写作、陈述和解释等项目，你应该仔细

> 研究这项作业，思考如何把它分解成可实现的小步骤。有时候，你必须扮演组织者、计划者和时间管理者的角色。对许多 LBLD 孩子来说，他们还没有形成这些关键的能力。
>
> **3. 使用迂回策略实现主要学习目标。**如果某个阅读内容明显超出了孩子的阅读能力，就朗读给孩子听。如果孩子写作有困难，就让他口述。要尽你最大的努力帮助孩子完成主要的学习目标或作业要求，然后在其他时间发展别的技能。举个例子，假如你的孩子需要完成一个含乘法的代数问题，而孩子的乘法运算能力起步较慢，那么你可以帮孩子做乘法，或者允许他使用计算器。这可以帮孩子将精力集中在正确使用公式和运算顺序（即主要学习目标）上。

随着孩子技能的发展，系统地、循序渐进地帮助孩子完成家庭作业变得非常重要，并且要允许家长帮助孩子完成超出他能力范围的任务。在没有帮助的情况下，对一个尚未掌握学校作业所需全部技能的孩子提出要求，就像期待一个人在学习小提琴的同时学习跳方块舞[1]一样，一下子要做的太多了。

如果你想解决子技能耦合问题，那么当作业要求超出孩子

---

[1] 方块舞（Square dance）：美国乡村西部舞、民族舞蹈的一种，在美国中西部是很普遍的团体社交舞，四对舞伴排成正方形跳舞。

的能力时，你应该允许孩子对其简化处理。你还要帮助孩子学习特定技能，实现老师制订的主要学习目标。父母经常怀疑自己是否有能力提供家庭作业方面的帮助，但我相信，只要方法正确，没有人比父母更适合这份工作。认识到什么时候会发生子技能耦合并采取相应措施可以帮孩子在学校的所有方面都表现出色。此外，这也会促进积极的亲子关系，促进学习和技能发展。

结　语

帮助孩子在必要的地方努力

我希望你和你的孩子只需合作六周或六个月，他就能获得独立完成学校要求的所有能力。但事实是，许多有 LBLD 的孩子需要多年的协作支持才能形成自己的书面语言能力和执行能力来应对学校生活。

给孩子提供所需的帮助并不意味着你在阻碍他的技能发展。事实上，最阻碍孩子技能发展的是在他们需要帮助的时候不给予帮助。强迫孩子自己应对足以压垮他的困难会降低他们的学习动力，减少他们的自信，增加他们的焦虑，还会使家庭冲突升级。如果你自信而积极地在孩子有需要的地方提供帮助，你就为他提供了学习、发展技能和实现独立的最快途径。

使用迂回策略解决子技能耦合问题，你可以帮助孩子在必要的地方努力：学习课堂内容、掌握学习技能、完成家庭作业，以及准备考试和测验。与孩子协作完成家庭作业也会向孩子表明你的支持始终如一、坚实可靠。做家庭作业的时候，不应该抛弃你与孩子之间的友好关系，而应将其作为满足学校需求和学习重要技能的手段。为孩子提供所需的帮助，你们双方都会得到丰厚的回报。

第二部分

校园学习：
有益的方法助孩子
获得理想成绩

第四章

七步树立孩子自信，
与其建立积极关系

在学校表现不佳会给孩子带来心理创伤。对于学校表现带来心理创伤这一事实，看到孩子每天都非常吃力地应对功课的父母深有体会。但即便是他们，可能也没有意识到这种创伤的影响会持续存在。我们知道，有明显的基于语言的学习障碍的孩子，其压力水平会长期偏高[1]，而这种压力会破坏大脑的发育和学习[2]。毫无疑问，学业压力令人痛苦，尽管许多父母可能非常想要帮助孩子，但是他们却不知道从哪里着手。

对有 LBLD 的孩子而言，帮助他们不需要华而不实的全新阅读计划或数学强化课程，只需满足一个要求：与孩子建立（或重建）健康、积极的关系。虽然可能很有挑战性，但和父母之间建立坦诚且积极的关系是孩子所能获得的最好的礼物。

1　Panicker and Chelliah 2016.
2　Sapolsky 2004.

健康的关系不仅是促进学习和技能发展最有效的途径，还能提供机会，帮助解决孩子由于学业不佳而导致的心理创伤。这是因为，要消除 LBLD 所带来的痛苦，关键的一步就是**帮助孩子愈合在学校所经历的各种失败的创伤**。

在本章中，我将分享一个男孩的经历，这个男孩基于语言的学习障碍给他带来了严重的学业创伤。我还将阐释如何保持冷静，并创造与孩子建立稳固关系的机会。最后，我将说明怎么通过重塑孩子的思维来重建孩子的自尊。

然而，我决不会建议严格遵守、始终坚持任何一项策略。大多数情况下，采取什么样的策略需要倾听孩子的需求，孩子是独一无二的，同时也需要听从你作为父母的本能。我的经验是，当父母听从这些本能时，他们与孩子的关系会显著改善。如果说我在 30 年的儿童工作中学到了什么，那就是：**积极的合作是提高孩子的学习成绩、治愈孩子受创心灵的最有效方法**。就我的经验而言，其他任何方法都远远比不上这一方法。

让我们从探索以下七个步骤开始，与孩子建立更紧密、更有情感共鸣的纽带。有些步骤可能会带来不舒服的感觉，或者看起来非常耗时，但请坚持下去，你的努力最终会让你们的关系更加牢固，让孩子更加自信。

■ 第一步：找出问题

某个时刻，你也曾怀疑过孩子可能遇到了什么问题。但问题具体是什么呢？让我们看看一个曾经苦苦挣扎的男孩的故事，以及我们是如何确定其问题和痛苦根源的。

内特的故事

几年前，我在工作中遇到一个男孩内特，他是独生子，由母亲抚养。内特基于语言的学习障碍症状表现得很明显，他在阅读、写作和数学方面都落后于同龄人。他焦虑，暴躁，反复无常。

只要不说到学校的时候，内特就是一个招人喜欢而且富有好奇心的孩子。不管看到什么家务活，他都会马上主动帮忙；对他人的情绪也表现出惊人的敏感；还具有令人难以置信的观察力。但一提到学业，内特的反应就非常激烈——这清楚地表明他其实非常痛苦。内特怎么了？

也许你对于自己孩子存在的问题有一些见解。也许教育工作者或临床专业人士也提出了他们的观点，当然也可能没有。但不管怎样，是时候迈出第一步，弄清楚问题究竟出在哪里了。

探究问题。你可以自己担任调查员——站在孩子的角度问自己一些重要的问题：

我是否已尽我所能把最好的给孩子了？ 确定你为自己、为孩子努力追求的生活质量是什么标准。如果你发现还存在可以进一步改善的地方，那么，是时候付诸行动了。

孩子感受如何？ 孩子通常不愿意表达自己的感受。而其他时候，则是他们自己也意识不到自己的感受并不好。你在孩子身上观察到了什么？哪些情况会引发孩子的学习障碍？哪些情况会激发孩子的愉悦情绪、好奇心、热情和毅力？找时间和孩子一起探索他们的感受。也许你已经注意到了孩子在谈到学校时并没有表现出积极的感受。遇到这种情况，你可能需要告诉孩子你的观察，并和孩子一起探讨。

我有什么感受？你是否享受为人父母的过程？如果不享受，是哪些方面让你感觉有挑战？对许多父母而言，与学校相关的问题是其中的主要原因。试着确定具体是什么问题，思考如何带来积极的改变。

我都试过了什么方法？如果一项策略已经使用了很长时间，却没有任何成效，那么，可能是时候换个新的方向了。例如，如果奖励、惩罚和严格的时间表都不起作用，那就尝试一些不同的方法。

接下来，我该尝试什么方法？本书中有很多策略，但找到最适合自己孩子的策略需要一定时间。一些人可以指导你更好地理解孩子所面临的挑战，在寻找最佳策略的过程中，与这些人多交流沟通。

谁能帮助我更好地理解？当你因为孩子基于语言的学习障碍而感到不知所措时，有许多专业人士可以提供帮助和指导。儿科医生可以提供一些建议。你也可以在孩子所在的学校问一个值得信任的人。一个好的切入点是寻求那些从事 LBLD 治疗的心理专家或教育心理专家的帮助。阅读专家、学习专家和教育咨询师或许也能提供帮助。有许多可靠的组织也能帮你联系到相应领域的合适专家。最后，无论受推荐的专家或咨询师来自哪种渠道，你都要仔细审查，关于如何审查，请参见第二章中的指南。

■ 第二步：打破消极反馈的循环

大多数有 LBLD 的孩子都会陷入一种无限的消极循环，而造成这种消极循环的可能是同龄人、老师，甚至家人。值得庆幸的是，你可以将积极因素注入孩子的生活，帮助孩子建立积极的自我意象。让我们看看面对消极评价时内特的反应。

内特的故事（续）

一天，内特的奶奶往他房间里瞧，看到他不愿意做我为他安排的任务。奶奶很生气，就说："就这样吧，内特。你没有做你该做的事，那就别玩了。"但奶奶不明白的是，内特之所以不愿意做，不是他故意违抗命令那么简单。完成作业这件事对内特来说充满了强烈的负面情绪，非常痛苦。内特知道他应该去做，但现实却是他没办法做。

后来，我了解到，内特的老师经常说内特写作"很差"，而且考试总不及格。但这些考试题目有时全部都是内特答不上来的问答题。而内特之所以答不上来，又恰恰是因为他书面语言技能"很差"。结果呢？内特考试不及格。而紧随这一结果的是一句内特自己、内特父母和我都很清楚的令人不适的潜台词：这个孩子配不上这所学校，他不属于这里。

内特为什么觉得自己有问题也就可以理解了，他经常一提到作业就心烦意乱也就不足为奇了。

寻找能够促进孩子建立积极自我意象的人。想办法让这样的人参与到孩子的生活中来。他们可能是家里的亲戚、朋友，孩子的美术老师或音乐老师，也可能是体育教练。同时，远离那些贬低孩子自我意象的人。尽管有时可能不是那么明显，但确实存在一些人，他们与孩子的互动会导致孩子焦虑加剧、自尊感降低、自我意象趋向消极发展。

与他人合作，为孩子规划积极的学习体验。向学校老师和行政人员展示你和孩子的努力，借此帮助他们形成对孩子积极的态度。与老师多沟通，向他分享你观察到的孩子的感受，询问老师观察到了什么。共同努力，确定在家里和学校帮助孩子的优先事项。制订计划，将孩子独特的学习、社交和情感需求考虑进去。共同决定下次沟通的时间和方式，以评估成效、调整方案。如果你和老师关系紧张，那么就寻找其他可以帮忙在学校给孩子提供支持的人，向他说明你的担忧。当你感觉你已经和这个人建立了良好的关系时，你可以问问他的建议，请教联系、接触学校老师或行政人员的最佳方式。

■ 第三步：促进情绪调节

当孩子还在蹒跚学步时，你可能已经用过重新引导的方法来防止孩子发脾气、平息孩子的哭泣——也许是陪孩子玩躲猫猫，也许是给孩子一个他心爱的玩具，也许是把孩子带到一个不同的环境。虽然这些具体的方法可能已经不再适用于长大以后的孩子，但背后的思路是一样的：觉察孩子即将到来的情绪失调，并给予安慰。

内特的故事（续）

在逐渐了解内特在家里和在学校生活的全貌以后，我发现，很明显，如果内特的情感生活不朝着更健康的方向发展，他就无法茁壮成长。随着越来越了解内特，我开始能够识别出什么时候他的焦虑感在增强。有时，我可以在他崩溃之前转移他的注意力，或成功地安抚他。但有时候，内特的焦虑感上升得太快了，我别无他法，只能在一旁看着，等一会儿再去收拾残局。

有时，在内特情绪爆发时，我会从书架上拿出内特最喜欢的一本书来翻阅。他最后总会注意到我，等他稍微平静一些的时候就会过来和我一起翻阅。内特非常感兴趣的书能够分散他的注意力，让他不再陷入那些惹他心烦意乱的想法。而我翻看内特的书的行为也在向他表明：他感兴趣的东西，我也感兴趣。内特很快就明白了，无论他多么失控，我都会保持冷静，并和他在一起。一旦他平静下来，我们就会一起决定接下来做些什么。我们有时会停下来休息一天，但往往会稍微多做一些事情。两种选择我都接受，这是很重要的。

毫无疑问，一起做事情的时候，孩子有时会心烦意乱。以下是一些重要的建议，这些建议可以让你成为一个能够帮助孩子平静下来、能够和孩子共情且坦诚开明的父母。

保持冷静和耐心。和一个处于焦虑状态的孩子待在一起可能并不是什么舒服的事情。我们的本能是东西坏了就尽快修，但有些事情不能操之过急。事实上，我们无法迅速改变一个孩子的心理状态。

安抚烦躁不安的孩子。只要你们的关系是稳固可靠的，那么，你的关注就可以帮助孩子平静下来、帮助孩子保持情绪的有效调节。当孩子烦躁不安时，一定要调整你的交流方式以适应孩子的需要。一些极度焦躁的孩子可能需要的是一个拥抱，而另一些孩子可能需要的是一些空间。

拉近空间距离来提高孩子的注意力。人类是社会动物，孩子尤其需要与他觉得有安全感的成年人亲近，从而保持专注。拉近亲子之间的空间距离有助于孩子更好地调节情绪，这对大脑的健康发育至关重要[1]。作业时间和孩子待在一起，孩子的注意力会更加集中，情绪也能更好地得到调节。孩子学习

1　Hughes 2009.

时，父母可以检查已经完成的家庭作业，或者帮助整理孩子的背包、活页夹和学习材料。在不分散孩子注意力的情况下，也可以尝试做一些自己的事，比如查看电子邮件或阅读。总而言之，目的就是孩子学习时你能在孩子身边。

做情绪调节的榜样。成年人通常会因为孩子情绪失控而焦躁不安，而成年人表现出这种不安时，孩子会变得更加焦躁。对孩子而言，情绪调节是一项非常艰巨的任务。能够明白这一点，对于成年人而言是至关重要的。孩子需要有意识地付出巨大努力之后，才可以在学校里保持情绪的有效调节，然而，回到家以后，他们不再有调节自身情绪所需的精力。这就是为什么这么多孩子放学后在家会情绪失控。如果你保持镇定，孩子也就能够更好地让自己平静下来。如果你可以在孩子情绪失控以后平常对待、继续日程安排，而不发表意见或施加惩罚，孩子就会更愿意做家庭作业。

低一点，慢一点

在当中学老师的头几年里，如果课堂气氛开始躁动起来，我往往会变得很被动：会提高嗓门，加快节奏作为回应。但是到我教书的第三年，我发现此类情况正确的解决策略与我之前的做法恰好相反。当学生躁动、不安、兴奋时，我不再做提高嗓门、加快节奏这样的事情了，相反，我让自己的行为表现更加平缓镇定：我学会

> 了放缓动作,尽可能少说话,保持和蔼的面部表情,并表现出安抚的姿态。当学生注意到我身上的变化时,他们也就相应地平静下来,情绪得到了更好的调节。这种方法在家里和在教室里一样有效。保持镇定,最终孩子也会效仿。

第四步:接受游戏的价值

所有的哺乳动物,尤其是幼年的哺乳动物,都会参与游戏这一活动。游戏不仅是让孩子开心的事情,还是青少年发展重要技能和学会调节情绪的重要手段。

内特的故事(续)

我刚开始接触到内特的时候,就教他戴着手套用棒球玩接球游戏。我们用低手投球玩了几个星期。内特掌握了诀窍后,我告诉他我要试着上肩投球了,他可能需要调整一下动作才能接住球。于是我投球,他接住了。我给他创造了一个小小的挑战,他成功地克服了。尽管这只是一场小小的胜利,但这让他看到,一些具有挑战性的事也可以很有趣。我们很快地从相距 5 米变成了相距 10 米,最后我们可以在 15 米的距离下投球并接球。接球游戏给了内特一个机会,让他知道自己良好的协调性、平衡感以及视力，能够很好地判断球的速度和方向。他由此建立起一种从未有过的自信。

我经常把接球游戏作为一种破冰活动、学习间隔的休息活动或课后的活动。游戏本质上是非常有趣的活动，因此能够促进神经活动和大脑发育。此外，当游戏中需要剧烈的肢体活动时，还会带来其他的好处。众所周知，流向大脑的血流量增加可以增强记忆力和许多其他大脑功能。要理解一个孩子的大脑如何运作，就要观察孩子的身体。如果孩子的身体表现得萎靡倦怠、虚弱昏沉，那么其大脑也是如此。要让大脑动起来，就得让孩子动起来。

以下是如何将游戏时间融入孩子生活的一些建议：

抽出时间经常陪孩子玩。人们很容易为了履行各种责任而把陪伴孩子游戏这件事情搁置，但定期以积极的方式与孩子一起放松地玩耍是无价的。请在开始做作业之前、做作业的间隙或做完作业以后陪孩子玩一玩。这会让孩子对家庭作业的态度更加积极。

利用游戏安抚孩子。参加一项有趣的游戏是让一个烦躁的孩子平静下来的快速方法之一。弄清楚孩子喜欢做什么，当你认为有必要帮助孩子平静下来时，就可以任意选择一项孩子喜欢的游戏来做。

利用游戏保持孩子的专注力。在这个过程中，只要发现游戏中的某个方面引起了孩子的兴趣，就可以利用这个兴趣点来指导家长接下来怎么做。能够让孩子追求兴趣而忽略游戏中的任务，实际上是培养孩子毅力和动力很有用的一种方法[1]。

利用游戏增强孩子的自信。在游戏中培养起来的技能可以帮助孩子建立起迎接新挑战所需要的自信。与学业不同的是，游戏不受严格规则的约束，提高或降低难度都很容易，因此，游戏能够为孩子提供建立信心所需的最佳挑战难度。此外，游戏还能够在孩子心中树立挑战即乐趣的观念。我带内特的时候，就利用接球游戏来给他提供积极的反馈，并以此向他证明，他有能力应对挑战。我永远也忘不了那天他脸上的微笑——当时，我告诉他，他投掷棒球的速度非常快，快到棒球击中我的手套时，甚至发出了砰的一声。我就这样利用游戏帮助孩子看到自己技能的发展和进步。

找到需要团队合作的游戏类型。许多游戏围绕竞争展开，对一些孩子来说，竞争可能会带来很大的压力。我们知道，当两个人合作去完成一项任务时，孩子的内部动机可以得到提升[2]，因此，我们可以尝试让孩子参与需要亲子团队合作的游戏。这样，到了该做作业的时候，孩子就可以带着一种幸福感投入到他几分钟以前还非常厌恶的作业中。游戏的一个附加好处是它通常能带来积极的情绪。而积极的情绪似乎与大脑灵活性的提高有关，而这可能会带来更好的学习成果[3]。

鼓励自主意识。让孩子自己决定玩什么、什么时候玩（即

1　Sansone, Thoman, and Fraughton 2015.
2　Carr and Walton 2014.
3　Sanders 2017.

便孩子选择在开始做作业之前，而不是完成作业之后玩接球游戏）能够提高孩子的自主意识。动机专家丹尼尔·平克（Daniel Pink）2011年发表的研究表明，自主能够增强行动力。你可以利用这种动力机制，帮助孩子带着焕发的活力投入学习。

分担责任。即使是做游戏，也有出问题的时候。和孩子一起玩耍，要想办法把消极的事情变成积极的事情。如果孩子损坏了物件，或者违反了你们自己制定的游戏规则，那么，把这当成一次机会来告诉孩子，坏事时有发生，但并不总是或全是他的错。当成年人愿意承担一部分责任时，孩子更容易镇静下来，他们也能从这些经历中更好地学习。

体贴周到地回应。孩子的自我意识非常强，很容易感到尴尬。对他们的成就和错误做出体贴周到的回应，往往是让整个事件转化并形成积极结果的关键。有时，最好淡化孩子一时冲动或不恰当的行为。实际上，孩子是很聪明的；他们知道是怎么回事。给他们一点时间，他们往往自己就会做出所需的调整和改变。

■ 第五步：调整作业量和帮助程度

对许多有LBLD的孩子来说，他们对学校的想法是极其消极的。帮助孩子修正这个观念的唯一方法是调整对孩子的要求，这样他们才不会不知所措，才能够成功。

内特的故事（续）

即使内特已经能够更好地调节情绪了，学业上也取得了一定进步，但他有时还是会在做作业前哭泣。原因是什么呢？课业仍然超出了他的能力，一再的失败在他心中形成了每一项学业任务都不可能完成的想法。

内特的消极想法深深扎根在他的脑海中——很难在短时间内消除。因为过去他的学业并不理想，他也就自然而然地认为，未来他的学业也会一直差下去。内特的消极想法会告诉他自己："我就是那个什么也学不会的孩子。我就是那个永远搞不明白怎么回事的孩子。我就是那个不管怎么努力都永远不会成为好学生的孩子。"我努力帮助内特树立积极的想法，让他暗示自己："只要有人给了我需要的帮助，只要有人为我讲解，我就可以学会！我是一名很好的学习者，我认为我在学校也能做得很好！"

我用对待每一场接球比赛的策略、耐心与温柔对待内特的作业。刚开始几个月，内特从来没有完整地完成过哪怕一项家庭作业——因为我也没有要求他必须做完。我只安排了他能完成的作业量。我会先看一看内特的作业都有哪些，然后把每份作业分成几个小任务。这样，作业就变得更加容易完成了，而内特也有了更多获得成功的机会。他完成的每一项任务都会成为一次正向强化的机会。这一策略让内特不会因为任务过于沉重而感到不知所措，并给了他信心，让他相信自己有能力去做更多的事情。

评估孩子的家庭作业和能力范围。关于孩子的成长和发展是如何进行的，无论我们倾向于什么观点，有一点是确定的：这基本上不是一个线性的过程。要想弄清楚如何根据孩子的能力去调整作业和任务，就问问自己这些问题：

我应该在家庭作业上给孩子多少帮助？ 这个问题每天都要问，因为孩子完成作业的能力每天都会发生变化，提供多少帮助需要考虑到当天的情况。问问自己：孩子累了吗？作业是否已经多到孩子不得不在做体育运动或上音乐课前挤出时间才能完成？作业是孩子喜欢的科目还是他学起来很吃力的科目？孩子是否已经掌握了完成这些作业所需的技能，还是正在逐渐熟悉这些技能？利用这些问题的答案来帮助确立合理的预期，即孩子能完成到什么程度，以及你需要提供多少帮助，才能保证完成家庭作业这件事对孩子来说是积极的体验。

多少作业对孩子来说是恰当的？ 这个问题没有唯一正确的答案，答案每天都在发生变化。当孩子有能力做很多事情的时候，就让他去完成很多事情。当某天他不能完成很多事情的时候，也要为他那天力所能及的成就感到高兴。孩子不像大人，不能指望他们始终如一地努力。对孩子来说，只完成一项作业的一小部分可能就已经足够了。即使是那些为治疗 LBLD 而调整过的任务，对一些孩子而言，也可能会把他们压垮。

表达对家庭作业的灵活态度。重要的是告诉孩子，你愿意根据实际情况调整对他的期待。当孩子知道你可以接受他不稳定的能力时,他才会有安全感且不再感到担忧,有趣的是,这样做还能让孩子感觉他自己可以做更多的事情。

■ 第六步:危机干预

你一定会遇到紧急的家庭作业和拖到最后的特殊任务。好消息是,应对这些危机是有策略可循的。

内特的故事(续)

一天晚上,在做了很长时间的家庭作业后,我正在收拾自己的东西。内特是我那天带的最后一个学生,我已经准备好要回家了。我穿上夹克,拿起公文包,内特拦住了我。"丹尼尔,还有这个。"他拿出一张皱皱巴巴的纸,上面是第二天就要交的研究报告的要求。我哈哈大笑起来,说:"内特,到底是怎么回事?明天就要交了。"

我们所有人,包括孩子们,都会拖延该做的事情。但对孩子来说,有时没有完成任务的后果是可怕的。毫无疑问,有LBLD的孩子有时并不愿意做像研究报告这样困难的作业。这样的情况对所有父母来说都是很难应对的。而对于LBLD孩子的父母而言,这种情况尤其棘手,因为这些孩子发生这种情况的频率更高。以下是正确的做法:

提供帮助。当发生"作业危机"时，孩子可以学到的最重要的一课是，父母可以为他们提供可靠的支持。有 LBLD 的孩子已经遭遇过很多次失败。在危机面前，他们需要感觉到事情可以向好的方向发展。如果你的孩子告诉你第二天有一份大作业要交，你应该根据实际情况提供帮助。目标是确保孩子完成作业。

谨慎回应。想办法发挥孩子的长处，利用孩子的兴趣。这一策略能够将孩子的家庭作业完成程度最大化，而在面对紧急的家庭作业时，这一策略尤为重要。当我们发现孩子的长处，并且允许他的长处得到锻炼时，孩子就会受到鼓舞，更加愿意专注于当前的任务。找出孩子感兴趣的话题，并以这些话题为基础，帮助孩子完成写作作业和学业项目，可以让孩子更愿意保持专注。例如，如果孩子喜欢足球，而一项作业的要求是写一篇关于某个国家的研究报告，那么，你就可以帮助孩子选择某位著名足球运动员正在效力的国家。

优先考虑孩子的情绪调节而不是他的表现。当你在与孩子做这种紧急作业时，孩子出于内疚或羞愧，可能会渴望出一份力去做一些超出自身能力范围的事情，或者也可能表现出抗拒的行为。请谨慎制订要求。如果你和孩子都感觉情绪平稳，这就是一个巨大的成就，它能够促进亲子之间稳固关系的建立。此外，孩子只有在情绪得到有效调节的情况下才能学习。把孩子的情绪调节放在首位，这样他才能够把有限的精力集中在完成学业上。

采取措施预防下一次家庭作业紧急情况的出现。一旦危机

> 幽默作家艾尔玛·邦贝克（Erma Bombeck）有一句不朽的名言："孩子在最不值得你爱的时候却最需要你的爱。"

结束，花点时间反思一下发生了什么。问问自己："这次危机处理中，哪些地方做得好？如果这样的情况再次发生，哪些地方还可以做得更好？我应该随时准备着什么以防万一吗？"也许最重要的问题是："为什么孩子拖到那么迟才告诉我有那份作业？怎样做才能防止这种情况再次发生？"我经常建议家长定期询问老师家庭作业的安排。作业布置以后，根据孩子的实际情况将作业划分成几个部分来完成，并为每个部分都制订一份时间表。每一部分都要根据需要尽可能多地与孩子合作，直到作业完成。

■ 第七步：保持耐心、始终积极

遭遇学习障碍的孩子，尤其是 LBLD 孩子，会接收到来自大人的大量纠正性反馈。确保这些反馈不是对孩子的羞辱非常重要，尤其是孩子觉得自己失败了的时候。

内特的故事（续）

随着时间的推移，内特开始在课业上投入越来越多的精力。我还记得他第一次真正为了一场考试而学习的场景。那是一门科学课的考试，他知道有这场考试以后，就想马上开始备考。这种转变本身就意义重大。

当时，我们大约有一个星期的时间备考。每天内特都花几个小时的时间努力记忆课程的词汇，学习学科的概念。这很难，但他很坚定，如我以往所见的那样努力学习。但最后，尽管付出了很多努力，他还是只得了 D。

我经常看到这样的事情：尽管孩子投入了大量的时间和精力，最初几次努力却并不一定能带来高分。大人需要非常谨慎，以恰当的方式回应这些刚刚萌芽的努力，即便是（或者说尤其是）成绩不理想的时候。以下是一些积极应对的方法：

接受进展缓慢的现实。永远记住，进步的过程不是线性的，尤其是有 LBLD 的孩子。人们常说进步是前进两步，后退一步。期待孩子在好几个方面都以相同的速度取得同等的进步是不现实的。

将责任置于结果之上。比起取得好成绩，应该更加看重孩子是否是一名有责任感的学生，尤其在他刚开始变得努力的时候。做一名负责任的学生意味着始终如一地努力、完成作业、按时提交作业，并积极备考。如果孩子一直在努力地试图理解所学的内容，且能够得到适当的机会展示他已掌握的知识，最终就会自然而然地取得好成绩。

避免使用奖励制度。一直以来，我的经验是奖励制度经常适得其反。孩子可能会变得过分专注于奖励，而无法真正投入到需要完成的任务中。此外，在孩子的眼中，扣留的奖励可能感觉像是一种惩罚[1]。相反，要把注意力集中在你和孩子的一次次成功合作本身所带来的回报上，而这种回报是你和孩子都能体会的。多参加那些无论学业好坏都能完成，且重视亲子关系的活动。无论何时，这种无条件的奖励都是长期保持积极情绪的有效手段。

合作优先。正如我前面提到的，一起工作——和玩耍——能够带来很多好处。事实上，将努力与合作的价值摆在首位，能够促进成长型思维的发展和孩子进一步的学习[2]。没有什么比为了目标而共同努力并最终实现目标更有获得感的了，尤其合作双方有健康积极的关系时。当孩子遇到困难，陪他度过一些宝贵的亲子时光——这些经历往往构成了健康持久关系的基础。

尊重孩子。知道孩子有能力做什么，不要强迫他做超出能力范围的事情。尊重孩子，并且将积极因素注入他的生活，这样你将为孩子积极的学习和全面的进步奠定基础。

内特的故事（续）

我花了很长时间与内特建立积极的合作关系。内特也花了

---

1 Kohn 1999.

2 Dweck 2007.

很长时间来慢慢发展自身的技能。他花了很长时间才知道自己既能干又聪明。内特上高中时，怀着喜悦的心情期待着上大学，而他也的确做到了——我非常荣幸能够见证他的成长。多年来，对内特的观察使我明白，一段积极的关系可以改变孩子一生。他高中毕业时，我把我们每次玩接球游戏时他都会用到的棒球手套送给了他——只是为了提醒他，他已经取得了多大的进步。

结　语

治愈你和孩子的关键步骤

对孩子来说，在学校表现不佳带来的创伤往往会导致消极思想的形成，这种消极思想可能根深蒂固，且持续很久。如果放任不管，这种消极的自我意象会对孩子校外生活产生不利影响。面对学校时光带来的创伤，为你和孩子都带来积极改变的关键一步，是与孩子紧密合作、共同努力。认识到孩子在与你合作时可以取得成功，这本身就是积极的想法。

有了正确的帮助，在恰当的时间，面对适度的功课，每个孩子都可以在学校和生活中取得了不起的成就。请记住这些通过积极的转变治愈你和孩子的关键步骤：

第一步，找出问题；

第二步，打破消极反馈的循环；

第三步，促进情绪调节；

第四步，接受游戏的价值；

第五步，调整作业量和帮助程度；

第六步，危机干预；

第七步，保持耐心、始终积极。

第五章

积极应对学校事务

对有 LBLD 的孩子和他们的父母来说，应对学校事务并非易事。然而，如果你与学校老师和行政人员建立联系，提前预估孩子何时需要更多的帮助，并采取积极主动的措施，你和孩子对学校事务的应对就会更从容。特殊教育专家理查德·拉瓦将这一过程描述为"帮助孩子为学校做准备，帮助学校为孩子做准备"。

在本章中，你不仅能学到如何引导孩子参与课堂、帮助孩子备考，而且能学到与老师建立合作关系的策略。此外，你还将探索如何克服你和孩子最有可能遇到的困难。最后，还将了解什么时候应该请家教。

■ 与老师沟通，制订合理计划

有些学年，孩子遇到的老师能够完美地满足他的学习需要，而其他学年的老师可能不是那么合适。作为家长，你的工作是与每一位老师都建立积极的合作关系。这有助于促进老师和行政人员认识并适应孩子独特的学习需求，这样，他们也会以最积极的态度看待你的孩子。这会提高孩子在学习中的自尊和兴趣。此外，以专业的方式建立这些合作关系还可以为孩子树立专业精神的榜样。

本章分享的各种策略旨在形成一种与老师和行政人员基于善意的合作方法。

发起沟通

在新学年开始时，或者在知道这一学年的老师是谁以后，马上组织一次会谈。第一次会谈会为整个学年的工作奠定基础。让老师知道你的孩子是喜欢学习的孩子，但可能需要更多的帮助。告诉老师你会按其建议尽你所能给孩子提供一切支持。如果已经建立了与学校行政人员的合作，可以询问是否应该请他们也来参与这次会谈。

将家庭作业纳入会谈的讨论中。了解老师对新一年的期待是非常重要的，这样你就可以用恰当的方式帮助孩子完成作业。例如，一些老师需要的只是孩子为作业付出努力，而另一些老师则要求孩子不仅要提交作业，而且要提交检查过的作业。当孩子不理解某个概念或者不能完成作业时，你也应该与孩子的老师合作，制订计划来解决这些问题。

最后，询问老师期望学生在家庭作业上花多少时间。得到答复以后，接着问："如果我的孩子需要花更长的时间才能完成作业，该怎么办？是否可以做一些调整，让我的孩子花在家庭作业上的时间和班上其他孩子一样？他可以延期交作业吗？"将这些问题确定下来，能够帮助孩子在学年初就有一个成功的开端。

保持沟通

询问老师喜欢的沟通方式和交流时间。向老师征求一个合理的答复时间也是很好的做法。尊重老师的界限，不要期望能在周末或晚上收到回复。一个好的提问方式是："我什么时候跟进比较合适？"

如果你有担心的问题，可以和老师当面聊聊。你可能很想马上就见到老师，或放学后和老师聊聊，但这不是好的策略。你应当有一场不受干扰的谈话，老师也应当有时间来制订充分解决你担忧的方案对策。但是，如果你一定要选择即时谈话，也至少先问问老师是否方便，如果需要的话，可以另外安排一个时间。

如果你能够事先做好准备、能够鼓励老师畅所欲言、能够和老师一起提出可以在课堂上采取并在家里强化的措施，你就能将会面的机会充分利用起来。在会面结束时，定下检查成效或下次会面的时间。这样，会面结束后，你就有了一份针对当前情况的计划，以及采取下一步措施的时间表。记得给老师发送一封电子邮件，在其中总结会面得出的主要结论，以此确认你对会面内容的理解，以及接下来的任务要求。一定要在邮件中对所有参与会谈的人表示感谢。

学年末的会谈和暑期的学习

学年末的会谈重点应该是制订暑期的学习帮助计划，以及帮助孩子向下一个学年过渡做准备。安排好会谈时间，这样在放假前，老师和其他相关人员就有充足的时间制订行动方案。提前四到五周与与会人员通信是比较好的。

当你提前为暑期甚至下一学年做计划时，思考如何帮助孩子平稳地实现过渡也是明智之举。有LBLD的孩子往往难以从一节课过渡到下一节课、从一天过渡到下一天，甚至是从一学期过渡到下一学期。

在会谈中解决问题

学校老师、行政人员和家庭成员都会以不同的眼光看待孩子。在合作过程中，既需要关注挑战，也需要关注应对之策。但是，情况再好，都可能遇到困难。如果你觉得某件事情进展不顺利，想安排一次会谈来寻找解决方法，试试以下策略：

· **从积极的一面谈起**。谈谈孩子在课堂上或学校里都有哪些方面表现不错，也可以谈谈孩子特别喜欢学习什么。

· **收集信息**。即使你认为自己知道问题及其根源，并且心里已经有了相应的解决措施，明智的做法也是先问问老师的看法。问问老师如何看待孩子遇到的困难。只有当老师相信可以和你开诚布公时，他才能深入地考虑问题，并提供有用的策略。

·分享孩子提出的方法。如果你要参加一次讨论，而讨论的内容是关于自己孩子的不当行为，你需要在去之前有所准备。首先，要知道有 LBLD 的孩子很容易感到不知所措——而这种情况下，孩子可能会表现出挑衅行为。第二，试着和孩子谈谈事情的经过，聊聊这样做为什么是不对的。听完孩子的叙述，要教会孩子为自己的行为负责，并共同努力找出问题根源。第三，采取措施预防孩子再次感到不知所措。让孩子自己提出应对类似情况更好的方法。帮助孩子完善他们提出的方法，给他们一些改进建议。最后，将你们讨论的内容和规避类似事件的计划分享给老师和行政人员。

·提出座位安排的建议。如果你感觉某个座位对自己的孩子来说是最合适的，可以把这一点告诉老师。通常而言，个人空间也可以采用相同的做法——如果你认为孩子在离老师较近或较远时更加遵守纪律，那就告诉老师。

·礼貌地询问理由。虽然极其罕见，但我的确遇到过这样的老师和行政人员，他们似乎无法用积极的眼光看待我在治疗的孩子。这对父母和孩子来说都是灾难。如果老师或行政人员说"他就是懒"或者"他就是习惯支使别人"，家长很难不想出头维护自己的孩子。这种情况下，我的建议是你只需要问："您认为这可能是因为什么呢？"如果老师或行政人员的回答仍然毫无根据，比如"他好像不在乎"，那就重复上面的问题，不要说别的："您认为这可能是因为什么呢？"即使更加劳心费力，在探讨的过程中，也要尽可能地协助老师和行政人员，因为这是保护孩子最好的方式。

我们已经探讨了如何与老师沟通，接下来，让我们一起探讨你还能做些什么，来帮助孩子有更好的课堂表现。

■ 培养孩子在教室里的优秀技能

如果孩子有 LBLD，从开始上学那一刻起，你就要谨慎对待任何人向孩子提出的任何要求。因为孩子需要大量的技能才能达到这些要求，而其中的许多技能可能还正在学习当中。为了帮助孩子顺利度过上学的每一天，你需要以身作则、树立榜样，在交流沟通、自我表达以及组织协调方面养成良好的习惯。

沟通技能

预估孩子在上学期间可能需要交流些什么，然后据此来培养他的沟通技能，帮助他为交流做好准备。

角色扮演——几乎可以在任何时间、任何地点进行，且涵盖孩子可能遇到的各种情况——是练习孩子在各种情境中需要的沟通技能的好方法。让孩子轮流扮演不同的角色，既练习发起一场对话，又练习回应他人的讲话。陪孩子练习得越多，孩子就会越熟练、越自信。此外，这样的练习也能让你进一步了解到孩子在学校都会有哪些交流与沟通。

你也可以帮助孩子创造一些非语言的信号或手势来与老师沟通。如果孩子能够用这样的信号表达自己的不适，并让成年人来帮助他，其焦虑程度往往会下降。成年人可能也会喜欢使用非语言的提示来减少孩子反复出现的行为。为了保证有效，手势应该简单明了。例如，双手分开是提醒孩子后退一步保持个人空间，或者手指放在嘴唇上是提醒孩子不要打断别人的话。确保孩子理解手势的含义，寻找机会练习如何回应这些手势。此外，同时执行一系列手势往往会让孩子不知所措。先重点练习一两个重要的信号，再增加其他信号的练习。

自我表达的技能

所有父母都希望孩子能够在学校为他自己发声。具备此种能力的孩子能够辨别并表达自己需要什么。但是有 LBLD 的孩子的自我表达能力发展得很慢。这在一定程度上是因为，为自己发声首先需要掌握许多技能，包括有效沟通、自我意识，以及制订计划和发起行动的能力。

但是，孩子可以在你的帮助下学会如何表达需求。这种能力在各种场合都能派上用场，尤其在孩子因为对某个概念的理解不到位而无法完成作业或准备考试时。以下是具体的方法：

- 引导孩子提出请教老师的问题。

・帮孩子把问题写下来。

・帮助孩子确定见老师的时间。

・如果老师喜欢使用电子邮件，就帮孩子起草一封电子邮件。

・向孩子展示如何表达对老师的尊敬，这样他才能与老师建立良好的关系。

当孩子计划和老师当面交流时，记得在交流完以后问问孩子当时的情况。如果孩子没有和老师交流，就给孩子一些具体的鼓励。例如，鼓励他在课前、课后或课间找老师交谈。如果鼓励以后孩子仍然没有和老师交流过，此时，你就要成为孩子坚强的后盾，帮助孩子写一封电子邮件给老师。可以在邮件中直接请教问题，也可以请老师见一下孩子，以当面回答孩子的问题。

保持有序的技能

如果孩子还做不到条理分明，那就要采取措施培养这种能力，让孩子有信心和能力独立地在学校做到这一点。在小学阶段，你可能需要每周检查孩子的课桌，掌握他都有哪些任务或作业。尽量在没有其他学生在场的时候检查，避免给孩子带来尴尬。

主动整理孩子的背包和文件夹。如果老师用专门的网站安排作业和通知考试时间，记得每天都查看一下该网站。如果作业只写在教室里，征得老师的同意，在接送孩子时把作业拍下来，或者让孩子在不影响其他同学的情况下把作业拍下来。在高年级阶段，孩子在学校有自己的储物柜以后，你应该每周检查一次。

■ 学习和成绩之间的关系

在学校的第一要务永远都应该是学习。然而，家长和孩子都已经做好了准备，他们的努力不是为了学习各门学科的知识、掌握各门学科的技能，而是为了获得表扬、取得第一名，而且还是在没有任何帮助的情况下。正如你所知，对有 LBLD 的孩子来说，这几乎是不可能的。我建议你重新思考你——和孩子——对成绩和独立学习的看法，重新思考这二者谁更重要。

帮助与自立

防止孩子知识上的差距被拉大比强迫他实现独立更重要。孩子独立地与老师接触的能力将随着不断的练习、技能的发展和信心的增加，自然而然地培养起来。

正如第三章所讨论的，重要的是要认识到，与孩子之间稳固、健康、积极的关系才是促进孩子独立的关键。相信你能提供可靠的帮助时，孩子才有能力去探索和成长。限制帮助与支持只会让孩子更加依赖你。被直接扔进水里被迫学习游泳的孩子很少学会游泳。更糟糕的是，他们会认为把自己扔进水里的人是不值得信任的。

经常有人问我："如果我们不允许孩子失败，事情会是什么样的呢？孩子如何学得会呢？"我知道我们是通过吸取失败的教训来学习的，然而，有 LBLD 的孩子经常觉得自己在学校总是犯错误。只有当我们生活中几乎所有其他事情都进展顺利时，我们才能从失败中吸取教训。否则，我们只是在经历一次又一次的失败，并且加剧对自身自尊的伤害。**放任孩子不断遭受失败是没有好处的**。这些孩子的路已经够艰难了。他们需要的是支持与帮助，只有这样，他们才能得到成功的体验。

学习的责任与考试的成绩

每个孩子都是很早就知道，作为学生，他们的价值是由成绩来衡量的。但是有 LBLD 的孩子要取得好成绩是非常困难的。家长将关注的重点放在孩子是否对学习负责上，能够帮助孩子形成对成绩的正确认识。做一个负责任的学生意味着要坚持不懈，努力学习，完成作业，按时提交作业，积极为考试做准备。如果这些事情孩子都做到了，而且还因此获得了奖励，那么分数就没有那么重要了。虽然孩子需要你的帮助才能完成以上要求，但你和孩子付出的努力最终会获得回报。

你还需要帮助孩子明白，最重要的是学到了什么，而不是取得怎样的成绩。当你把精力放在和孩子一起完成他的学业责任时，成绩就会自然而然得到提高。

安迪的故事

我曾经带过一名八年级学生安迪。他在持续数月抵触家庭作业后,终于愿意为科学课的一次考试而努力学习。那是第一次,他为了能够掌握教材上的知识,接连好几天每天努力学习很长时间。他很想让老师知道他都学到了些什么。但尽管努力了,他还是考砸了。

我去见他时,看到的是一个闷闷不乐的年轻人,举着自己的试卷,上面写着一个大大的红色"F"。我把"F"改成了"A",因为我认为他的努力配得上一个"A"。我也帮他认识到他的努力并没有白费。利用这个机会,我肯定了他的勤奋认真,回顾他之前为备考所做的一切。我让他知道了,坚持这样做,最终就会取得更好的成绩。

尽管有 LBLD 的孩子很难取得好成绩,而且向他们强调责任重于成绩非常重要,但好成绩的确能让孩子受益,尤其是在建立自尊方面。这就是为什么我鼓励你根据孩子的需要,尽可能多地提供帮助。促进学习和提高成绩的绝佳方法之一就是促进孩子主动学习并培养孩子的考试技能。

■ 三个策略让孩子主动学习

主动学习指深入思考的互动式学习。相比被动学习的学生,深入思考所学内容、积极参与讨论并主动提出问题的学生，在学习过程中收获更多。幸运的是，有许多方法可以帮助孩子成为一个主动的学习者。

提前教授课程知识。与老师沟通并仔细查看班级信息，你就可以了解到课堂上将要讲授的内容。之后，你可以提前教孩子一两个要学的概念。这可以让孩子更好地跟上课堂交流，保持注意力集中，并参与到课堂中。这种方法不仅能让孩子在课堂上更加专注，而且能促进孩子对课程内容的理解。

鼓励肢体调整。让孩子在上课时坐直。这样可以提高孩子的注意力，且促进顺畅的呼吸，增加流向大脑的氧气。且建议鼓励孩子上课时看着老师。这样做可以提高孩子的课堂参与度，而且能向老师表明他正在认真听讲。

鼓励孩子提问。在做家庭作业时，帮助孩子准备上课时要问的问题。鼓励孩子每天至少问一个问题。向孩子说明，提问是让老师知道他在积极参与的一种方式。如果你的孩子不喜欢在课堂上问问题，可以鼓励他在老师的"坐班时间"问问题，老师的坐班时间通常在放学前后、午餐的休息时间，或其他没有安排的时间。

鼓励课堂参与。参与课堂讨论是让老师知道孩子在积极参与的另一种方式。帮助孩子研究课堂上要讨论的问题，鼓励他在课堂讨论中介绍你们通过研究获得的新信息或补充信息。

鼓励积极听讲。这要求孩子不时地问自己："我在听什么？我是否明白我所听到的？哪个词对我来说是新词？虽然我不打算提问，但如果我想问问题我能问什么呢？"帮助孩子确定什么时候听讲会比记笔记更有效。如果记笔记影响了听讲和理解，就应该让孩子集中注意力去听讲。孩子可以在**上完课后**根据回忆记笔记。如果做不到，你可以根据孩子的回忆为他做笔记。

策略一：提升笔记技能

如果孩子能在听讲的同时记笔记，那就鼓励他这样做。提醒孩子记笔记不一定要一字不差地全部记下。

首先，在活页夹或笔记本上留出空间，帮助孩子做好记笔记的**准备**。在纸上写一些提示，如数字编号 1 到 10。即使孩子不愿意，也要鼓励他写下一些他在课堂上听到的关键词。这样做可以培养孩子记笔记的习惯，而且孩子也更可能记住所学内容。

如果孩子还无法做到边听讲边记笔记，就让他在**课后**写下三四个他能记住的关键词或概念。你也可以鼓励孩子用画画或者图表的方式，而不是写字的方式记笔记。回到家里，检查孩子的笔记，确保笔记上写了上课日期，检查是否漏记，可以用课本、互联网或同学的笔记来查漏补缺。确保笔记归档整齐，以便以后学习时使用。

策略二：提升考试技能

学习并取得好成绩的另一个关键是有效地学习和备考。从策略上来说，为考试和测验做准备可能是填补孩子知识方面不足的最有效方法。高效备考的能力对孩子的未来也大有裨益。

马尔科的故事

几年前，我曾经带过一个小学高年级的学生，他各方面的表现都不如人意。我给他开展补救教学，并带他复习每日所学的内容。很快，我得知他即将参加一次社会课的考试。我开始制作学习日程表的时候，我问他这次考试都要考些什么。马尔科说："这是考试！你永远都不知道会考什么。这就是为什么它叫考试啊！"

马尔科认为所有的考试都是一个彻底的谜。这种想法并不少见。许多孩子需要帮助才能理解：虽然不知道试卷上的题目是什么，但他们应该明确考试的范围与内容。作为孩子的父母和学习伙伴，你的工作是帮助你的孩子确定考试时间、考试内容，以及如何为考试做充分的准备。

熟悉考试内容。为了帮助孩子备考，你需要知道考试的范围，并制订一个合理的学习计划。你可能需要联系老师、整理笔记、梳理总结考试内容，并制定学习日程表。

创建思维导图。思维导图是抽象思想的可视化表达。孩子可以一边阅读，一边填写思维导图或其他帮助梳理阅读内容的图示。这可以帮助孩子梳理关键信息，发现知识之间的联系。思维导图可以是树状、蜘蛛网状或列车状——孩子感兴趣且其内部各部分之间的联系能够表示概念之间关系的任何图形。这些导图、图示能够增强大脑天生的觉察和构建模式的能力，并且能够通过展现帮助组织思维的熟悉视觉模式来减少焦虑。有时老师会负责提供思维导图，如果没有的话，你也可以在互联网上搜索关键词"思维导图"。

准备课堂写作。为课堂写作做准备时，你可以帮助孩子预测老师可能会出哪些作文题。和孩子谈谈应该如何回答这些问题，把孩子的想法记录下来，同时提醒孩子重要的概念或联系。你甚至可能需要和孩子一起，就你们预测的考试作文题完成一篇写作。

确保睡眠充足。良好的作息也对孩子在考试中的表现有一定影响。要鼓励孩子多睡觉，你可以向他解释，虽然大脑只占人体重量的3%左右，但它所消耗的能量则占到了25%～30%。因此，只有大脑得到了休息，才能尽可能高效地存储信息。为了帮助孩子更容易入睡，同时也为了让孩子整晚都睡得更好，你可以和孩子约定，在睡觉前一小时关闭所有电子设备。

优化应试策略。让孩子在开始做题之前，快速写下公式和关键词来触发记忆。此外，帮助孩子养成在答题之前通读试卷的习惯。让孩子先读两遍考试要求，然后从简单的问题答起。鼓励孩子在任何时候对考试要求有任何疑问，都要询问老师。即使答案不正确，老师也乐于看到孩子付出努力。因此鼓励孩子把所有的题目都答完，即使只写一个单词或一句话，说不定就可以得到部分分数。

知道成绩后立即回顾试卷。这有助于孩子掌握所学知识。

如果之后的考试涵盖本次考试的范围，那么这样做还可以为将来的考试做准备。此外，这种做法还强化了孩子这样一种观念，即学到什么比考多少分更加重要。回顾试卷要从孩子在考试中表现好的地方开始，然后再回顾做错的题目，找出那些原本可以做对，但没有做对的题目，并分析背后的原因。如果正确答案含糊不明（确实存在这样的情况），就请帮助孩子请教老师。如果孩子得了低分，但想要拿一个更高的分数，帮孩子问问老师是否有机会重考，或者通过完成一份附加作业的形式获得加分。如果无法修改分数也不要担心，集中精力帮助孩子学习，并为下一次作业或考试做准备。和孩子一起学习，可以最大程度地提高孩子学习和记忆信息的能力。

策略三：缓解考试焦虑

考试焦虑是常见现象，对有 LBLD 的孩子而言尤其如此。帮助孩子尽量多做准备、多练习，可以减轻孩子的焦虑。引导孩子正确看待考试，提醒他："这不过就是一次测试。将目光放得长远一些，将来的你还会有成功的人生。"

西恩·贝洛克（Sian Beilock）的《超常发挥》（*Choke*，2011）一书提供了一种有效缓解考试焦虑的考前写作练习。以下是她的建议：在考试前与孩子讨论。你可以说："告诉我你最担心的是什么。"得到孩子的回答以后，可以告诉他"你说得对，时间确实是个问题"，或者"哦，你的担忧不无道理"，或者"你一直都很努力。你已经有很多值得自豪的地方了"。

最后，鼓励孩子在考试时使用上文提到的策略，他的焦虑就可以大大减少。如果能有一些例行的事情来帮助孩子回忆已学内容，他就会感到准备充分且自信满满。

■ 如何在孩子身上做投资

作为父母，你最清楚孩子需要什么样的帮助。但是，如果孩子正在学习的科目对你而言学习和解释起来都很困难，或者一起做家庭作业反而导致的弊端远远超过帮助孩子所带来的益处，那么，是时候考虑寻找外部帮助了。

选择一位适合孩子性格的家庭教师、一位了解孩子学习特点和行为特点的家庭教师。家庭教师的教学经验和专业水平参差不齐，其收费也是如此。选择家庭教师时，要仔细核查。找信任的朋友或学校的工作人员推荐。你可以要求查阅家庭教师的大学成绩单，并对其进行背景调查，还可以核查推荐人，面试家庭教师。

明智地花钱。请一名家庭教师可能很快就会变成一项重大投资。偶尔上一次家教课可能起不到作用，而且还浪费了时间和金钱，除非孩子需要的只是家庭教师帮助他备考一次或校对一篇论文。否则，想要有成效的话，家教课的开展就必须保持一定的频率和连贯性。

清楚地陈述目标。和家庭教师分享有效的策略，共同制订课程计划来解决最重要的问题。把家庭教师视作合作伙伴，同时给孩子和家庭教师一定的自主空间。总的来说，当孩子与家庭教师建立了良好的关系,而且能像团队一样一起解决课业要求时,家教课程会更有效。

结　语

父母对孩子的微观管理

　　帮助孩子应对学校的事务需要周到的考虑、翔实的计划、巨大的努力、坚持不懈和极大的耐心。你需要积极主动地采取行动，以坚定自信的姿态对孩子进行微观管理，帮助他应对各种课业要求。所有努力都将促进孩子学习的进步和技能的发展，并最终帮助孩子实现独立。

　　如今，对于是否给予孩子大量帮助这一问题，所有的父母都非常小心谨慎。事实上，"直升机"型父母[1]已经成为一个令人恐惧的称号。但只要所付出的努力是为了帮助孩子在社交、情感和学业上取得进步，你就应该为自己感到骄傲。

1　"直升机"型父母：指过分关注孩子生活中的经历和问题的父母——他们就像直升机一样盘旋在孩子的上空，时时刻刻监控孩子的一举一动。

第六章

如何应对阅读障碍

　　相比阅读障碍，很少有其他学习障碍对孩子产生如此多方面的影响。阅读障碍除了影响短期记忆、排序能力、听力理解和语言表达等方面，还影响书面语技能的方方面面。入学之前，阅读障碍的孩子通常看起来与其他孩子一样正常。然而，开始上学以后，他们很快就发现自己与同龄人有所不同，往往会逐渐开始相信自己的学习能力不如同龄人。孩子的消极思想形成得很快，此时如果处理不当，后果可能影响非常深远。幸运的是，作为父母，你是最能够帮助孩子的人。你的帮助不仅能让孩子在书面语技能上有出色的表现，而且能让他们在其他各方面的学习中都有出色的表现。

　　要最大程度地减少阅读障碍对孩子的影响，早期识别和干预是关键。如果发现孩子在书面语技能方面存在困难，无论孩子年龄多大，都应该尽快干预。向阅读专家咨询相关的专业知识总是有益无害的，他们的分析可能会非常有帮助。

无需大量的培训或复杂的指导，你就能在阅读方面给予孩子很好的帮助。事实上，即便孩子的阅读能力发展较慢，要预防其在学业上落后于同龄人，其实也并没有想象中的那么困难。在本章中，你将学习如何在家庭中营造一种语言学习的文化氛围、如何给孩子提供实践指导，以及如何提高孩子的词汇量。

■ 在家里营造语言学习的文化氛围

提高书面语技能的第一步是提供丰富的语言环境。在这样的环境中，从孩子出生起，父母及其他成年人就需要积极地与孩子用语言交流。参与语言交流对每一名孩子来说都是至关重要的，对于阅读障碍的孩子而言尤其如此。因为这种交流能帮助他们准确地识别单词的发音，并熟悉书面语和口语各具特色的节奏、押韵和抑扬顿挫。除此之外，口语技能还可以帮助阅读障碍的孩子发展迂回策略（见第三章），而这些策略对于密集的书面语的处理是必要的。

即使很小的孩子，也可以通过参与一些有趣的游戏而受益，例如模仿一些傻气的声音、学别人编出来的话等。游戏的难度要控制在孩子的能力范围之内，这样，孩子才能获胜并获得成就感。也只有在这种情况下，游戏才是最有效的。要知道怎么做才能帮助孩子，就要观察孩子的反应。聆听并理解孩子，集中注意力，让孩子来告诉你他在口语发展方面最需要的是什么。这些游戏能带给你和孩子巨大的成就感和乐趣。毕竟，游戏是天然的绝佳教学工具，不仅是培养听说能力的绝佳教学工具，还是培养读写能力的绝佳教学工具。

有了丰富的语言环境以后，下一步是每天给孩子读书。有人为自己朗读，对于一个阅读障碍的孩子来说是尤其重要的，因为这可能是他接触印刷文字的唯一途径，尽管只是间接的接触。即使年龄已经稍大，听到别人朗读书面语，也同样是他们认识书面语的机会。书面语在许多方面都不同于口语。例如，口语往往更随意，并且不会一直用一个结构，也不会像书面语那样严格遵守语法规则。听到他人朗读书面语有助于阅读障碍的孩子认识书面语的结构和规则。

父母应该每天花 20 分钟给孩子读书或陪孩子读书。但是要记住，**阅读时，你和孩子之间交流的质量比交流的时长更重要**。如果你发现给孩子读书或陪孩子读书反而会引起亲子之间的矛盾，那最好是每天只读 5 分钟，或者干脆不读。记住，阅读时，孩子挫折感的阈值会频繁变化。这是一定的。

以下策略旨在帮助你根据孩子的需要制订恰当的方法。采用某一策略时，密切关注孩子的反应，这不仅可以帮助你衡量是否应该继续使用这一策略，而且可以指导你判断孩子在一天甚至一小时内的阅读量。此外，密切关注孩子，也可以让你看到他正在学习，让你知晓孩子已经掌握了什么技能，在哪些方面还需要进一步帮助。

创造一个平静的阅读空间。确保少有干扰，光线充足，座位舒适。

注意你和孩子之间的距离。在一起阅读时，问问孩子想要怎样的座位安排。孩子可能喜欢坐在你的腿上或坐在你的旁边。当孩子开始朗读时，你可以考虑拉开你们之间的距离。如果孩子感觉父母在身后监视自己，就会分心。因此，有时我会闭上眼睛，把头枕在手上，让孩子知道我很喜欢他给我读书。我偶尔会说一些鼓励的话，让孩子知道我在聆听——你也可以这样做。

选择孩子喜欢的阅读材料。孩子不会根据书本的阅读难度来做选择。他们选择读一本书，可能仅仅是因为这本书有趣，或者仅仅是因为身边的朋友都在读。你的工作就是，无论孩子想读什么，都能让他满意他自己的选择。如果孩子选择了容易阅读的书本，不要指摘这本书有多简单，孩子可能把这样的评价看作是父母对他的努力或喜好的不认同。如果孩子喜欢翻来覆去读同一本书，那也没关系。

建立孩子与书籍之间的联系。不管和孩子一起读什么书，你都要找到一种方式去表达你对这本书的喜爱，即使你认为这本书很枯燥。你的热情可以引导孩子在阅读材料中找到一些与他自己密切相关的东西。如果你需要书本以外的帮助来让阅读更有意义，可以找找书籍中有关角色或事件的电影片段。如果孩子需要阅读一本小说，帮助他理解作者是谁，甚至可以寻找作者和孩子之间的共同点，来建立孩子与书籍之间的联系。

愉快度过共同阅读的时光。不管是谁在朗读，一定要让孩子享受这个过程！这可能意味着一直是你在朗读，而孩子可能只愿意读一两个词或者一句话。但比起强迫孩子朗读让他感到焦虑或者抵触，你来为孩子朗读是更好的选择。也许某一天孩子会突然想要自己朗读。这好极了！但如果他第二天就不愿意朗读了，那也没关系。不要强迫孩子朗读。

尝试指读。有些孩子喜欢你边读边指着单词，其他孩子则不然。问问孩子喜欢哪种方式。用一条蓝色的索引卡来指正在读的句子也是一个有用的办法。我发现蓝色卡片效果最好，因为蓝色与书页的白色形成了对比，且人眼能够很容易地适应蓝色。这样做可以更容易让孩子在你阅读的时候跟上，也可以让他们在自己阅读的时候保持专注。

关于电子阅读器的几点思考

许多父母喜欢使用朗读书籍的电子设备。电子阅读器有许多好处，包括减轻了和孩子一起阅读的负担，增加了孩子对口语阅读的接触。然而，在我看来，没有什么能替代父母给孩子读书。为什么？因为孩子将父母为自己读书看作是关心与爱护。父母付出更多的努力，尤其是让亲子之间的阅读以一种有趣而夸张的方式进行时，肯定会温暖孩子的心，让他们感到与父母更亲近。

尝试阅读文章。对初中和高中阶段的孩子来说，从杂志或网站上选一篇文章来读可能是非常有趣的。尽管这些文章可能包含他们不熟悉的字词或话题，但如果真的感兴趣，他们会努力去理解。杂志文章最好的一点是篇幅通常较短，所以即使只读了几段，也相当于读完了文章的很大一部分。

树立阅读榜样。已故的儿童治疗师伊迪丝·苏尔沃尔德（Edith Sullwold）说："孩子听的不是我们说了些什么，而是我们是怎样的人。"简而言之，为孩子树立一个读书的榜样，可以培养孩子读书的习惯。如果孩子看到你也在空闲时间阅读，他就会更有动力在自己的空闲时间阅读，你对阅读的兴趣会激发孩子的阅读兴趣。定期去图书馆，逛逛书店，在家里堆满各种各样的书。此外，你也可以为孩子模拟熟练阅读的过程——自言自语："我想从这一页中学到些什么呢？""哦，我看到一个并不常见的单词在这一页出现了好几次。我认为，先弄清楚它的意思再继续阅读是一个好主意。""这个故事让我想起了以前读过的一本书。在那本书的故事里，两个敌人最终成了最好的朋友。我想知道这本书是不是也讲了一个这样的故事。"

■ 如何纠正阅读中出现的错误

孩子一定会念错字词。纠正错误的关键是体贴地提供帮助而不是批评。如果孩子要朗读，你应该提前告诉他："如果你遇到了不认识的单词，要告诉我你是否需要帮助。如果你没有示意，我就接着听。"

如果孩子卡住了，要有耐心，至少等十秒钟。尽管等待的过程很漫长，但是这样做可以让孩子知道他有时间去辨识不熟悉的单词。当你不干预时，孩子就可以控制局面。当然，如果孩子变得烦躁不安，就问问他是否需要帮助。但是不要在没有征询孩子的意见之前就直接给予帮助。要等到孩子主动提问，才告诉他。不要要求、催促孩子读出某个单词，要等他自己主动把单词正确地读出来。这样做的目的是让孩子在和你一起阅读的过程中尽可能舒适。同样，如果孩子问一个单词的意思，你可以问他是想通过上下文线索猜测一下，还是你直接告诉他。跟着孩子的喜好走。避免打乱节奏、破坏体验是很重要的。

当孩子发音错误时，不要马上纠正，除非发音的错误已经改变了句子的意思。记下孩子误读的单词，当孩子在一段或一章的结尾等处自然停顿时，翻回去，指着这个词，让他再读一遍。如果孩子的发音仍然是错误的，这时候才告诉他正确的读音。将该字词添加到抽认卡中（你将在本章后文中学到如何使用抽认卡来提高孩子的阅读技能和记忆力）。

■ 如何鼓励一个不积极的读者

你在试图形成每天和孩子一起朗读的习惯时，可能出现一直是你一个人在朗读，或者孩子时而朗读时而不朗读的情况。这都没关系。在孩子刚刚开始阅读之际，他们可能感觉自己不能很好地阅读。如果任由这种想法加深，孩子可能会变得灰心沮丧。

埃利奥特的故事

那天,我刚到埃利奥特家就遇到他妈妈,见她一脸忧虑。埃利奥特坐在床上哭。我坐到他的课桌椅子上。我们没有说话,只是一起看着窗外。最后,埃利奥特转过来对我说:"我就是个笨蛋。我永远也学不会如何读书。"我告诉他,我知道这很难,但他已经在进步了。他没有回应我。

我坐了一会儿,注意到前院有一棵树。我问:"那棵树在长吗?"他回答说在。"你能看到它在长吗?"我问。他摇摇头表示看不到。我说,"对一些人来说,学习阅读是一个很慢的过程,就像一棵树的生长。我们无法用肉眼观察到自己慢慢学习和成长的过程。但是树确实在成长,你也的确在逐渐学会阅读。"

埃利奥特喜欢类比,我看得出来他很喜欢这个比较。我们又接着努力,一开始很慢。改变不是一夜之间发生的。但几个月后,他越来越有学习动力。当时,我已经开始给他读《小王子》(*The Little Prince*)了。他迷上了这个奇特的故事。书读到一半时,我问他是否想自己读一点。他同意了。我们一页一页地读完了这本书。读完后,他还问我们是否可以再读一遍,接着我们就又读了一遍,这一遍速度更快了。

不要只看到孩子不愿意和你一起阅读或者大声朗读。要有耐心,鼓励他参与进来。你需要让孩子在整个阅读过程中尽可能感到舒适。从孩子已经读过的最喜欢的书或杂志开始。

在你读了一会儿之后，看看你的孩子是否愿意读一个词、一句话、一个段落或一页。慢慢增加孩子的朗读量。

你也可以尝试读一本新书，内容要和孩子最喜欢的话题相关。为了让孩子熟悉这本书，试着先读一页，然后问孩子是否愿意读你刚刚读过的那页中的一个句子或一个段落。

孩子们通常会更愿意阅读他们自己写的东西。试着写下孩子的想法或他给你讲的故事。让孩子看到自己的想法被打印出来也是有用的办法。因为这样做能让孩子对打印出来的文字产生熟悉感。转写孩子的话时，要宽容地对待语法错误。你要做的是让孩子看到他自己的想法，而不是你的。随着孩子越来越适应阅读，就可以开始纠正他的语法错误。如果可能的话，用类似孩子书本中的字体打印出孩子的话。把孩子写的东西打印出来，并帮助他添加插图。用一个活页夹收藏孩子讲的故事和想法。孩子对其他阅读材料不感兴趣时，就可以找这个活页夹来帮忙。

如果孩子需要阅读一本书，而恰巧这本书已经改编成了电影，就先看电影。孩子看过电影以后，可能会更有动力去阅读，因为他在阅读过程中有了相应的背景知识和上下文语境，就能够更好地理解这本书。

当孩子能够熟练地默读时，可能就不想和你一起朗读了。你应该敏锐地察觉这种变化，并相应地减少朗读量。在这一阶段，你们可以在一起各自读各自的书。

■ 如何为阅读障碍的孩子提供阅读指导

除了每天和孩子一起阅读，你也可以每周提供几次正式的阅读指导。与孩子合作，成功的关键是防止他感到沮丧。在孩子还无法掌握的技能上花费太多的时间会加深其对阅读的消极想法。在以下教学训练中，一些训练可以在每天一起阅读时完成，但其他的最好一周只进行几次，且每次只开展1～5分钟。

认识到印刷的文字是有意义的

帮助孩子认识到书本上印刷出来的单词和说话时讲出来的单词有一样的意思。读一句话，比如"汤姆挥动棍子"，在你说"挥动"这个词的时候，同时挥动你的手臂。肢体动作要配合语言，这样即使是最平淡的材料，也可以带着情感去阅读，传达其中的意思。

向孩子展示印刷文字与图像和动作之间的联系。如果你在读"安跳了起来！"这个句子时，恰巧有一张"安跳了起来"的画面插图，就给孩子指出来，这样孩子就可以把"跳"这个词和对应的动作联系起来。每次带一个刚刚开始接触阅读的孩子时，我都会采用这个办法。这个办法能让阅读变得非常有趣。

识别字母和较短的单词

阅读障碍的孩子往往很难记住字母表。他们遇到的困难可能包括无法区分字母（如 d / b, p / q, n / m, w / v, f / t）。对于能够熟练阅读的人来说，字母之间的差异很容易辨别，但阅读障碍的孩子往往不能区分。此外，人们往往会利用歌谣来帮助孩子记忆字母表，然而，阅读障碍的孩子可能根本就无法记住字母歌的节奏。更糟的是，阅读障碍的孩子总体而言，在顺序记忆方面都有困难（如，字母表中的字母顺序、一年中月份名称的顺序、一周七天的名称顺序）。由于学习字母表对孩子的学业至关重要，因此，你需要把字母表练习作为孩子识字活动的一个固定环节。在家里找一个地方展示字母表，方便经常练习。

以轻松愉快的方式，看看孩子是否能开始辨认一些字母或较短的单词。一个不错的切入点是让孩子说出他名字中的第一个字母，并在字母表中指出这个字母。例如，孩子的名字是以"C"开头的，而你们恰巧遇到了"cup"这个词，告诉孩子这两个单词之间的联系。当下次再遇到一个以"C"开头的单词时，就可以问孩子："谁的名字是以'C'开头的呀？"同时，在纸上写一个大大的"C"。之后，同样的方法也可以用于孩子熟悉的其他人的名字，如妈妈、爸爸、爷爷等人的名字。在此基础上，运用一些富有创意的方法，比如拼字游戏或者字母卡，向孩子展示其他简单的单词是如何拼写的。把孩子喜欢的食物、颜色和动物的单词加进来，保持孩子的兴趣。

你可以让孩子把字母和简单的单词写出来,以此加深他对字母和单词的认识与记忆。你先写一个正常大小的字母,让孩子一边在一张纸或一面白板上,把这个字母写得更大,一边读这个字母。这一策略要解决的是许多阅读障碍的孩子在精细运动技能方面都存在的问题。当画字母或单词更像参与一次有趣的活动,而不是上一堂课的时候,孩子就更愿意参与。你也可以让孩子在黏土上雕刻字母,或者用手指在沙子、剃须膏或打发的奶油中画字母。

理解自然拼读

阅读障碍往往在一开始就会出现:识别字母、字母的发音,以及字母组合(例如 th,ch,sh)的发音。如果孩子难以识别以上任何一种形式,就可能引发多米诺骨牌效应。以后,孩子可能会在阅读和阅读理解方面不断地遇到问题。

阅读专家萨莉·施威茨(Sally Shaywitz)的研究表明,音素意识(phonemic awareness)的发展伴随着孩子学习字母及其发音的过程,以及之后学习"如何拆分、合并、改变字母顺序"来构成或改变单词的过程。人们更加熟悉的"自然拼读"一词所要培养的能力,不仅包括孩子的音素意识,还涵盖了从左往右拼读出单词的能力、识别押韵的能力、识别音节的能力,以及在句子中辨认单词的能力。

自然拼读是一种强调字母和字母组合发音的阅读教学法。

自然拼读把读出单词作为学习阅读、准确读新单词和不熟悉单词的首要方法。长期以来，自然拼读都是阅读教学的首选方法，尤其是针对阅读障碍的孩子的教学。

你可以通过许多种不同的方式将自然拼读这一教学方法应用到对孩子的教育中。例如，向孩子展示不同的字母有不同的发音。享受字母学习的乐趣，比如字母"p"和它的发音puh。指出常见的辅音组合（例如 ch，sh，gl，pl，nd，ng），以及它们在你给孩子读的单词中的发音。也许孩子的名字就是以"Ch"或"Gl"开头的。这是一个帮助孩子认识字母与发音之间联系的很好机会。下次遇到以"Ch"或"Gl"开头的单词时，他就能更好地识别这个字母组合的发音。先引入短元音（例如 ah，eh，ih，uh），再引入长元音（例如 ay，ee，eye，oh，oo），然后引入元音组合 [例如 ea（ee 或 ay）、ou（oo 或 ow）]。随着孩子变得越来越熟练，就可以开始给他介绍更复杂的字母组合及其发音。

识别音节与复合词

学习如何将较长的单词分解成较小的单位，对于每个孩子而言都是至关重要的，对于阅读障碍的孩子而言尤其如此。我们需要尽可能把每一种分解单词的方法都交给这些孩子，这样他们阅读时，直接略过这些较长的单词的可能性才会降低。当一个孩子看到"education"（教育）这个词时，他需要首先能够识别音节，才能正确读出这个单词。作为家长，你可以重写一遍这个单词，并标出每个音节（如 ed/u/ca/tion），指出每个音节的发音，然后把音节的发音连在一起读出来。许多孩子学习音节的方法是在每个音节处拍一次手。但是对于一些孩子来说，LBLD 会影响听觉处理，这时，视觉辅助的效果通常更好。

许多阅读障碍的孩子尤其擅长辨别特定的模式。给孩子指出视觉词共通的模式，如 could、would 和 should 的共通模式。除此以外，想要阅读障碍的孩子真正明白和领悟，你就要明白地告诉他字母组合"tion"发 shun 的音，字母组合"ch"在 school、ache、anchor 和 architect 等词中发 ka 这个硬音。

在你教孩子把较长的单词分成较小的单位去学习时，你也可以引导他学习复合词。像 cupcake、weekend 和 basketball 这样的词，就可以分解成独立的单词。比如，告诉孩子 cupcake 是由 cup 和 cake 两个单词组成的，再画出纸杯蛋糕的杯子和蛋糕，帮助说明这个词的复合属性。

常见的视觉词和高频词

无论是哪种阅读教学法，其重要的一个目标就是让孩子在看到一个单词时，能够不假思索地辨别出这个词。如果孩子看到一个由字母 t、h 和 e 组成的单词时需要花一段时间才能设法把它读出来，那他的阅读势必会受到影响。但是如果孩子能在看到这些字母时立即认出单词 the，那么他就能够高效地阅读。

自动性是指自动识别印刷文字的能力。当孩子不仅能辨认出单个单词，还能在上下文中快速辨识单词时，他就已经实现了真正的自动性。如果你觉得孩子辨识单词时还需要思考的时间，可以引导他先从识别常见的视觉词（sight word）和高频词开始。这些单词里有许多词只能通过视觉来学习，因为它们不遵循一定的发音规则（例如 could 和 are）。高频词包括 the、of、is、you、use 和 who。你可以在网上找到高频词和视觉词的列表。

和孩子一起，列出他可能已经知道的高频词（例如 a，at，I，in，is，it，if，up）。告诉孩子，这些都是非常常见的词。持续更新孩子正在学习的单词，这可以给予孩子动力去学习更多的单词。大约有 100 个单词几乎占了孩子在小学阶段阅读时可能遇到的单词量的一半。如果孩子能掌握这 100 个单词，那么他就已经能读懂许多将来会遇到的单词了！

以下是我多年来在许多不同类型的学习者身上都使用过的一个练习，该练习用于教授常见的视觉词和高频词。大多数情况下，该练习都能取得很好的效果。

学习视觉词的简单方法

以下步骤的目的是让孩子能够正确地识别所学单词并准确发音。

1. 在抽认卡上打印出常见的视觉词。整齐地打印出每个单词的每个字母，目的是再现这些单词的印刷体。如果用连笔手写单词，孩子以后遇到这个单词，辨识该单词的能力就会打折扣。

2. 将卡片正面朝上放置，卡片一次不要超过十张。如果是孩子不熟悉的单词则一次不要超过五张。每次的单词数量不能过多，要让孩子能真正理解所学单词。

3. 给孩子时间学习卡片上的单词，等待他自己准备好读出来。

4. 如果孩子读对了某个词，就把这张卡片放在一边。如果孩子有某个词的发音错误，告诉他正确的发音，并把这类卡片单独放一堆。

5. 直到所有卡片都分成了两堆，第一轮才算完成。一堆是孩子第一次就读对的单词，另一堆是没有读对的单词，后者会在第二轮中使用。

6. 把第二轮要用的卡片正面朝上放在桌上。

7. 根据孩子的需要，给他充分的时间去辨识这些单词，看看在时间充裕的情况下，他能否认出一个单词。你可以对孩子说："一旦你非常确定认识一个单词，就指着卡片说出这个单词。"

8. 如果孩子读对了，就把卡片放在一边。

9. 如果孩子两次都把同一个单词念错了，就对他说："已经很接近了。"把孩子错说的那个单词写在卡片上单词的下面，展示二者之间的差异，告诉孩子它们的相似之处与不同之处。比如，如果孩子把 cookie 这个词读成了 kooky，那可以告诉他后面这个单词也是有意义的，然后帮助他区分二者。

10. 以后做练习时，孩子就可以把两个单词都读一读。

11. 如果孩子对于自己选择卡片并读出单词这种方法感到不适，就由你来说单词，然后让孩子找这个单词对应的卡片。

理解标点

你可以通过告诉孩子标点符号的用法来开始教他识别标点符号。选取一篇文章，无论多么简单的文章，用画圈、拿彩笔或荧光笔做记号、加下划线等方式标出文章里的标点符号。接着，让孩子指出你标出的各种不同的标点符号，并讨论每种标点符号的含义，以及它们对句子的影响。练习阅读这篇文章，阅读过程中强调语调和标点的对应关系。使用各种各样的阅读材料，包括剧本、连环画和短故事。

■ 如何扩充孩子的词汇量

充足的词汇量对于做好听力理解和阅读理解是至关重要的。许多有 LBLD 的孩子在学习新单词方面都很困难，这导致他们在完成学业要求、适应社会交往和自我表达时，与同龄人相比存在明显的劣势。学习新单词需要能够辨认这个单词，并将其与对应的概念或意义联系起来。许多有 LBLD 的孩子即使熟悉某个单词，也无法将单词与意义联系起来。

但令人惊讶的是，一些有 LBLD 的孩子学习新单词的能力非常突出。对这些孩子来说，扩大词汇量有很多好处：带来成就感；形成积极的心态，相信自己有能力学好；在遇到阅读理解和听力理解的困难时，发挥词汇量的长处可以取长补短。

事实上，有 LBLD 的孩子并不需要突出的阅读技能就能在词汇方面有突出的表现。讲话与交谈也可以有效扩大词汇量。此外，只要遵循以下主要的原则，词汇教学就可以变得轻松、有趣，且富有成效。

·表现出你对语言的热情。时不时地使用一个不常用的单词，或者一个可能略微超出孩子这个年龄段掌握的词汇量的单词，看看是否能激起他的兴趣。

·避免那些意思与你或孩子都无关的词语。比如 erinaceous（像刺猬的）这样的词（无意冒犯刺猬或类似刺猬的东西）。

·给孩子提供词语的定义。如果你想帮助孩子学习如何查找词语的定义，很好！只是不要把词典的使用或搜索技能与词汇学习混淆了。无论孩子问多少次，都要耐心地告诉他单词的意思是什么。永远不要让孩子因为记不起一个单词的意思而感到不安。

・不要直接问孩子某个单词的意思。相反，正确的做法是经常使用这个单词，并且在尽可能多的不同语境下使用。

・不要要求孩子拼写正在学的单词，除非他喜欢拼写——如果孩子喜欢，就鼓励他去拼写！

・强调词汇学习的广度而不是深度。相比只对几个单词有深刻的理解，对许多不同的单词都有比较好的理解要好得多。教孩子单词的时候，先教最简单的定义。同义词通常是最好的切入口。但是，偶尔深入研究某个单词也未尝不可。找一个孩子特别喜欢的单词，帮助他做一些研究。帮助孩子成为这个单词的"专家"，学习这个单词的词源、意思，甚至是拼写的演变历程。制作一张海报来展示孩子"作品集"中的部分单词。

・可以使用上文"学习视觉词的简单方法"中的练习来教授词汇。只需使用抽认卡的两面：一面写单词，另一面写它的同义词。

■ 如何让孩子拥有高阶阅读技能

试图一次性把所有东西都教给孩子是行不通的，许多东西的教学是如此，阅读技能的教学尤其如此。随着孩子的阅读技能逐渐提高，你可以开始训练其他的基础技能，如准确阅读、流利阅读和快速阅读，最终提高其阅读理解能力。记住，你要做的是努力让孩子保存精力来学习阅读材料的内容，因此，在练习以下策略时，尽可能给予孩子支持和鼓励是非常关键的。

准确阅读

准确阅读要求正确地读出每一个单词，并正确地理解标点的含义。有阅读障碍的孩子要掌握这项技能需要大量的练习。让孩子更加准确地阅读，可以帮助孩子克服阅读时跳过单词和标点符号的倾向。为达到这一目标，你可以教给孩子分解难词或生词的方法。

在练习准确阅读时，要选择孩子喜欢的内容。内容的难度需要比他的阅读水平（而不是所处年级的阅读水平）高一到两年，然后轮流阅读。

特别留意孩子的阅读错误。孩子遇到新的或不熟悉的单词时，给他足够的时间让他试着读出来。如果孩子需要你的帮助，你可以按照音节把这个词分开写，把复杂的发音规则写出来。你要做的是让孩子努力读出这个单词。如果孩子总是在一个已经学过的简单单词上犯错误，提醒他注意这个词，讨论他之所以犯这个错误的原因。最后，你可以将误读的单词和新词（非常不常见的单词、不常见的专有名词和远远超出孩子阅读水平的单词除外）纳入"学习视觉词的简单方法"

的练习中。

流利阅读

　　流利阅读是指在较好地做到了准确阅读、准确理解标点的情况下流畅地阅读。提高流利阅读的能力，可以从孩子非常感兴趣且难度比他的阅读水平（不是所处年级的阅读水平）低一到两年的读物开始。然后你和孩子轮流读，一人读一页，或一人读一段，如果必要，甚至可以一人读一句。正确处理语调，准确理解标点，为孩子树立一个榜样。

　　轮到孩子阅读时，只在他请求帮助时才纠正他的错误。如果孩子请教某个单词，就回答他并让他继续阅读。你需要做的是让阅读练习尽可能顺畅地开展。

　　然而，如果孩子犯的错误完全改变了阅读材料的意思，就需要及时纠正他。同样，如果孩子反复犯同一个错误，就需要提醒他。

　　和所有阅读活动一样，将新词和读错的单词记录在抽认卡上，并用它们按照"学习视觉词的简单方法"练习。记住，不需要记录非常不常见的单词、不常见的专有名词，以及远远超出孩子阅读水平的单词。

快速阅读

　　帮助孩子提高阅读速度是很重要的。因为孩子必须保持专注才能快速阅读，所以训练阅读速度通常可以让孩子注意力更加集中。用视觉词做速度训练是一种提高孩子阅读速度的方法。让孩子用最快的速度读抽认卡上的视觉词。一旦孩子适应了读单个单词，就开始使用短语卡，短语卡上是由两个、三个或四个单词组成的短语。许多网站上都能找到短语卡。但短语卡上不能包含新词或孩子尚不熟悉的单词。

用手遮住一个孩子熟悉的短语，问孩子："准备好了吗？"然后把手移开一秒钟，让他看到这个短语，再迅速遮住，接着让孩子复述。之后，让孩子读某本书中的一句话，再让他以更快的速度再读一遍，然后以更快的速度再读第三遍。最后，可以将同样的方法应用于短的段落。大多数孩子很喜欢加快速度做事情，但不要强迫孩子，不要让他感觉不好玩了。玩得开心才是最重要的。不要把训练时间拉得过长，正确的做法是短时间内的速度训练。

理解能力

正如我们在本章前文的斯卡伯勒的阅读发展"绳索模型"中看到的，熟练阅读需要许多不同的技能作为基础。因此，帮助孩子提高准确阅读、流利阅读和快速阅读的能力是关键。阅读理解能力也可以通过以下方法来提高：选择符合孩子阅读水平（而不是所处年级的阅读水平）的阅读材料，让孩子朗读一两页。朗读可以让你掌握孩子在这篇阅读材料中可能存在的问题。先问比较笼统的问题，比如："这部分内容是关于什么的?"随着孩子阅读技能的提高,可以问更加细节的问题。在孩子成为一名熟练的读者后,开始引导他默读,然后采用同样的步骤,先问比较笼统的问题,再问更加细节的问题。

如果孩子在阅读时犯了很多错误,或者似乎不理解文章的大意,就由你来朗读给孩子听,并帮助他理解阅读材料。你也可以找内容相同,但语言更简单的阅读材料。比如,孩子正在高中生物课上学习光合作用,你可能发现儿童科学读物中对这一问题解释得更清楚,因为儿童读本的插图更简单明了,字号更大,且定义更清晰。若是文学读物,各种学习资源网站提供的在线摘要和总结可能会有很大帮助。一些视频网站上还有越来越多的优秀短视频也提供主要文学作品的总结。这些视频是解决孩子阅读大作业的优秀切入点。

随着孩子年龄增长、阅读技能提高,可以教孩子一些阅读策略,如预览章节,浏览各章各节的标题、副标题和关键词,复习插图、图表和图片。这些步骤可以帮助预测文章的主要内容。在开始阅读之前,引导孩子思考老师选择这篇阅读材料的目的是什么,想想老师可能希望学生理解和记住什么。

在阅读过程中,鼓励孩子时不时地思考他正在阅读和学习的是什么。这样思考有一个好处,即让孩子巩固其正在大量输入的信息。

最后,和孩子一起总结阅读材料,培养孩子快速写阅读笔记的能力,或者让孩子用彩笔标记你指出的重要单词或句子(否则,孩子可能会把一整页都做标记)。但无论采用哪种方式,这些任务对有阅读障碍的孩子来说都相当艰巨。因此,父母能够深入地参与到以上各个步骤中是至关重要的。

■ 阅读分级，搞定阅读类作业

经常有父母问我，他们如何才能最好地帮助孩子完成学校布置的阅读作业。为了给父母提供一个可参考的框架，我将父母给予孩子的帮助划分成了不同的层级，创建了一个分级体系。它由最少到最多，依次递增的四个层级组成。你可以根据孩子的需要选择提供相应层级的帮助。因为首要的任务是学习阅读材料并完成作业，因此我总是建议帮助宁多勿少——即使不那么恰当，也最好选择稍高的帮助等级。

阅读帮助的不同层级

第一级：孩子自己默读

读一读材料，这样你才可以确定孩子理解了多少。

阅读之前，让孩子思考，通过阅读，他应该获得哪些信息，以此活跃他的思维。

阅读之后，让孩子给你解释所读内容，检查他是否真正理解。纠正错误的理解，讲解没有理解的部分，创造机会强化所学内容。

讨论阅读的内容。

让孩子制作一份列表，列出阅读过程中收集的关键词和关键思想。

利用插图和图表帮助孩子更好地理解阅读材料。

第二级：孩子朗读给你听

朗读之前，让孩子思考，通过阅读他应该获得哪些信息，以此活跃他的思维。

朗读之后，让孩子给你解释所读内容，检查他是否真正理解。纠正错误的理解，讲解没有理解的部分，创造机会强化所学内容。

讨论阅读的内容。

和孩子一起制作一份列表，列出阅读过程中收集的关键词和关键思想。

利用插图和图表帮助孩子更好地理解阅读材料。

第三级：请你朗读给孩子听

在你开始朗读之前，让孩子思考，通过阅读他应该获得哪些信息，以此来活跃他的思维。

在你朗读的过程中，让孩子给你解释所读内容，检查他是否真正理解。纠正错误的理解，讲解没有理解的部分，创造机会强化所学内容。

通过语气强调关键概念或情节。

讨论阅读的内容。

和孩子一起制作一份列表，列出阅读过程中收集的

> 关键词和关键思想。
>
> 利用插图和图表帮助孩子更好地理解阅读材料。
>
> **第四级：请你为孩子阅读并总结**
>
> 阅读任务很多时，这种方法尤其有用。
>
> 给孩子提供这么多的阅读帮助没什么错，重要的是让孩子学会阅读材料中的内容。若在孩子还不具备理解领会阅读材料的能力时就强迫他去读，只会适得其反。
>
> 讨论你所阅读到的内容。
>
> 和孩子一起制作一份列表，列出阅读过程中收集的关键词和关键思想。
>
> 利用插图和图表帮助孩子更好地理解阅读材料。

教孩子如何遵守书面要求

对于一个正在逐渐成长的读者来说，能够理解并遵守复杂的书面要求也很重要。你应该根据孩子的需要，尽可能地帮助他发展阅读要求和遵守书面要求的技能。

当你们一起坐下来做作业时，你首先要说："让我们来看看要求是什么。你想读吗，还是我来读？"读完要求之后，问："我们需要做什么呢？"如果孩子不知道，就说："我们再读一遍。"如果你觉得读第二遍会让孩子感到懊丧挫败，就不要再让他读了。孩子的情绪得到调节是很重要的。相反，你可以说:"我认为我们需要做的是_____。"接着,告诉孩子你是如何通过阅读书面要求知道应该做什么的。

结　语

帮助孩子完成阅读作业

　　给予孩子阅读作业的帮助是确保孩子现在和将来成功的极好方法。孩子有时需要学习一些概念，有时需要完成作业，有时则需要练习阅读和回答问题。但无论做什么，重要的是专注于学习目标，即使需要回避一些孩子发展迟缓的技能。帮助孩子完成他能力范围以外的任务，其实是在为孩子学业的成功做准备。

　　帮助孩子完成家庭作业，就帮他规避了一些因阅读技能发展缓慢而造成的挑战。家庭生活的幸福感会得到提高，同时，因为你让学习和记忆都变得更加简单了，孩子的学业最终也会得到提升。帮助孩子更快速地完成家庭作业也能够留出时间每天一起阅读，从而帮助孩子提高阅读技能。

第七章

如何应对书写障碍

对患有阅读障碍的孩子来说，要成为一名熟练的阅读者是非常困难的，而书写可能是一项更难掌握的技能。书写要求孩子不仅要具备成为一名熟练阅读者所需的技能，还要掌握许多其他技能。孩子被期望掌握书写的外在方面，如字母的形成和间距、拼写、标点、语法、句法，以及其他方面的书写技巧。

良好的书写能力也需要一套广泛的执行技能，包括组织力、专注度、对细节的关注和持续的努力。有 LBLD 的孩子往往在这些方面有迟滞。与阅读障碍一样，我们可以通过早期鉴定和干预，把孩子由书写障碍造成的影响降到最低。如果你发现孩子在书写方面有困难，那无论孩子年龄多大，都应该尽快干预。

正如不能指望一名阅读障碍者学习书面文本一样，同样不能期望书写障碍者通过独立书写展示他所学到的知识。因此，我建议以高度合作的方式与孩子一起书写。这种方法能确保书写任务完成，并让你的孩子熟练书写。

本章中，你将了解到如何在家里营造书写文化氛围，如何培养孩子的基本书写技巧，以及如何与孩子协同书写。

■ 在家里营造书写文化氛围

书写是所有孩子都可以参加的一项活动。正如强迫孩子遵守足球规则之前我们会鼓励他们追着球跑，我们也应该让学习书写的过程变得有趣，然后再去考虑语法问题。

在上一章，我们讨论了营造家庭口语文化氛围如何促进孩子阅读技巧的发展。本着这一精神，我们要努力营造一种家庭书写文化氛围。跟我鼓励阅读一样，书写也可以成为家里的一项课外活动。与阅读一样，孩子写得越多，就越会成为一个优秀的写作者，无论孩子年龄大小。

本章中的策略将帮助你以一种有趣的方式与孩子一起书写。写什么完全取决于你和你的孩子。你的孩子可以选择记录当天的活动，创作一系列短篇故事，回顾一段视频，或者记录个人思考。无论什么时候，你和孩子协同书写时，为了学校作业也好，课外书写也好，你都要调整你的帮助来配合孩子的需求，而每年、每周，甚至每天，这些需求都会变化。但通常来讲，至少要尝试做到一周两至三次的书写。

鼓励说话。通过鼓励说话，你可以在任何年龄开始培养孩子的书写能力，甚至在孩子能够拼写字母之前。问一些孩子

> **鼓励不愿书写的人**
>
> 我想在此提出一个警告：当你与孩子协同书写时，无论是为了完成学校作业，还是基于家庭书写活动，都不要强迫孩子写超出自己能力范围的东西。对许多书写障碍者来说，他们的初稿就是终稿。我们希望书写带给孩子一种做游戏的体验，这样孩子就会更愿意经常书写，而不必担心语法问题。如此一来，你的孩子将日渐获得在标点和句子结构方面所需要的技能。

感兴趣的事物的问题。通过询问，帮助孩子详细说明他所表达的内容："它是怎样的？为什么？接下来发生了什么？"为孩子提供想法和信息，帮助孩子学习如何扩展自己所表达的内容。最后，鼓励孩子讲故事。你的孩子可以在掌握书写技能之前就成为一名出色的故事讲述者。

鼓励绘画。所有孩子都是天生的艺术家。幸运的是，绘画是书写的另一个先兆。绘画可以促进创造性思维、思路的整理、计划性、解决问题的能力、精细运动技能和专注度——这些都与书写有关。定期帮助你的孩子学画一些基本的图形，如圆形、正方形和三角形。即便是乱涂乱画也很棒！鼓励你的孩子创作一些东西，比如画出树木、房屋、人和动物。正式指导绘画时不要太苛刻，不要期望孩子的绘画作品看起来是你自己的一样。没有什么比让孩子把自己的艺术作品和成年人的作品比较更让他们感到不自在了。即使你的孩子长大了，也要继续鼓励他画画，青少年和刚步入成年的年轻人也会从定期的绘画中受益匪浅。

创造一个平静的书写空间。 为了搭建一个共同书写的平台，可以在家开辟一个专门用来书写的"作家工作室"。这个区域应该舒适、光线充足。问问孩子想要如何布置座位。有些孩子喜欢离父母很近的地方，有些孩子则喜欢有一点距离。

建立一个收藏处。 即使你在书写过程中一次只写一个句子，几周之内，你也会拥有一篇相当完整的作品，可以将其存放在活页夹内——这就是收藏处的雏形。之后，你的孩子可以添加插图，或者你可以考虑先从插图开始，然后再添加文字内容。无论哪种方式，你都将构建出一篇书写的作品。当你和孩子一起阅读时，你的孩子可以从该作品中做出阅读的选择。

允许孩子讲述自己的想法。 你要让孩子专注于形成自己的想法，同时不被书写过程拖累。通过抄写，可以避免孩子出现书写慢或者打字慢的现象；孩子说出想法的时候，你要写下或者打字记录下来。在纠正语法方面要放轻松。你要让孩子欣赏自己的声音，而不是你的声音。晚些时候，你可以帮助孩子完善并阐明他的想法。我们要让有书写障碍的孩子知道，他们有好的想法可以运用到书写中，并且可以利用书写的过程来发展、组织那些想法。

尝试参加有趣的活动。 当孩子在书写中有困难时，他们需要额外的支持，使书写练习变得更有吸引力。这里有多种方法可以让书写变得有趣：让孩子画一幅画，或者让他从杂志上剪下一张有趣的图片，然后让他口述一个关于这幅画或这张图片的故事。你也可以让孩子口述一封信，对象可以是某名家庭成员、最喜欢的书中的人物，甚至是宠物。另一项活动是让孩子口述他的自传或某名家庭成员的传记。建立一个孩子的书写集，并经常将其中的优秀作品读给孩子听，这将激励孩子书写更多的东西。

努力培养想法。教会孩子如何完成一篇记叙文，最好的办法就是让孩子参与一段对话。问孩子一些关于如何推进故事情节发展的问题。在这个过程中，鼓励孩子使用过渡词，比如"首先""然后""接下来"和"最后"。鼓励孩子问他自己，用"怎样""为什么""如果……怎么办""什么时候……"提问，通过给孩子解释你自己是如何发现一个问题或者得出一个结论的，示范你自己的思考过程。

尽量少用机械性方法。帮助孩子完成一项书写任务时，你不要把重点放在纠正他的作品上。但是，当孩子似乎已经做好准备时，你就可以尝试使用多种句子类型和结构。试着写一个连贯的长句，然后帮助孩子把它分成短句。通过词库，你还可以帮助孩子探索使用不同的词来表达自己的想法。涉及一个词的正确拼写时，只要花最少的精力就可以了。让孩子查单词会减缓书写过程，使书写失去乐趣，最后削弱对书写的积极性。

■ 如何培养基础书写技巧

一旦具备了基本的书写能力，你就可以开始探索基础的书写技能。尽管计算机对所有孩子，尤其是有 LBLD 的孩子大有裨益，但我还是经常提醒家长，不要低估帮助孩子学习手写的价值。手写的过程缓慢又需要格外认真，加强了字母识别、拼写、选词和选择标点符号的能力。此外，手写是孩子永远需要具备的一项关键技能。即使在最好的情况下，很多时候手写都是必要的。因此，所有孩子都需要掌握一定程度的手写能力。

然而，键盘打字为那些认为手写困难的孩子提供了一个很好的捷径。键盘打字为孩子拼写单词、书写句子和编写故事提供了一个简便的方法。熟练的打字技巧对孩子来说至关重要，如此一来，孩子可以在他未来几年的大部分书写任务中做到游刃有余。作为家长，你需要平衡好手写和键盘打字的教学，让孩子能够从两种方法中都受益。

字母识别

对 LBLD 孩子来说，字母识别颇具挑战。要确保你家里有一个地方有一目了然的字母表，上面有打印的（非手写）小写字母和大写字母。加一张和字母相对应的图片 [例如，"A" 旁边附上 "apple"（苹果）的图片，"B" 旁边附上 "banana"（香蕉）的图片]。图文并茂的字母表能够强化字母识别和字母发音。要经常和孩子复习字母表。

如果你正在帮助孩子学习如何写字母，那么一次只学习一两个字母。我喜欢从 A、B、C 开始，然后选择其他字母，通常是孩子名字的第一个字母。

你可能需要花更多的时间来练习某些特定字母。大多数 LBLD 孩子需要更多帮助来学习如何区分视觉上相似的字母，如 d 和 b、g 和 q、m 和 n 等。有一种方法是复制书中某一页，让孩子圈出所有 b 开头的单词，忽略所有 d 开头的单词。

你觉得孩子已经准备好接受更大的挑战时，就让他写短语。随着孩子技能的提高，他可以开始写短句。首先，在纸上清晰写下一句孩子说的话，然后给孩子一张画线的纸，让他照抄这句话。有时在每个单词应该出现的地方画上短线是非常有帮助的。如果句子包含四个单词，我会画出四条短横线作为提示，比如：____ ____ ____ ____。孩子写的时候，你要指着每个空。在某些情况下，我会把字写得很轻，然后让学生在我写的字上临摹。关键是为孩子提供足够多的"引导"，让孩子一直参与书写活动。

拼 写

你可以表扬孩子已经掌握的拼写单词数量，帮助孩子通往下一步拼写，目的是保证孩子百分百成功。成功孕育成功，所以，围绕成功为 LBLD 孩子设计教学内容是很重要的。

从 a、I、in、is、it、on、as、at、an、if、be 和 up 等词

开始。这些词不仅容易拼写，而且也是十分常用的。接下来，试试拼写孩子的名字。孩子对拼写自己和对自己很重要的人的名字有很高的积极性，比如妈妈、爸爸、兄弟姐妹、亲戚和宠物的名字。

练习拼写单词时，可以把单词写在一张纸上，然后让孩子临摹几遍。一旦孩子做好了准备，就让孩子在一张全新的空白纸上写。要允许孩子看你的原始拼写字迹。这种视觉检查会强化孩子拼写记忆中储存信息的能力。接着写一个简单的句子。如果拼写的单词是孩子的名字，就写"我的名字是____"。让孩子在横线上写下他自己的名字。

问问孩子他想学习拼写的单词。给孩子提供选择的机会有助于激励孩子，也能减少焦虑。一旦孩子有了想拼写的单词，立马写下这个词。孩子想练习多少次，就让他练习多少次。然后询问孩子是否准备好了拼写单词。准备就绪后，把单词放在桌子上，给孩子一张全新的空白纸，再让孩子写下这个单词。

为了准备拼写考试，让孩子多多练习书写单词，只要他觉得舒服就行。当孩子准备好接受练习测试时，给他提供一张空白纸。说出这个词，让孩子写下来，再检查他的拼写。如果这个词拼写正确，就继续。如果不正确，就给孩子看这个词的正确拼写，并让他把正确的写三遍。之后，继续写清单上的下一个单词。清单上的单词即将写完时，把纸翻过来重复拼写错过的词。孩子写对三遍之前，不要开始下一个单词。

拼写时，要关注孩子有困难的发音，如"night"的

"ight"，或"pitch"的"tch"。使用上述方法练习拼读类似的单词。

和孩子讨论常见的拼写规则。有书写障碍的孩子会从思考拼写中受益。有一些资源可以让你和孩子了解常见的拼写规则。例如现在进行时态什么时候要双写辅音字母（如running）；什么时候用"ch"，什么时候用"tch"（比如bunch 和 batch)。

大写字母和标点符号

为了帮助孩子认识到英语每个句子的第一个字母均要大写，可以从孩子最喜欢的书中复印一两页。让孩子圈出每句话的第一个字母，这样会把孩子的注意力转移到这个重要的细节上。你可以重复这个过程，来解释专有名词为什么大写。

为了加强孩子对基本标点符号的掌握，确保孩子了解三个基本的句末标点符号：句号、问号和叹号。编造或打印出缺少句末标点符号的句子，让孩子确定正确的句末标点应该是什么。允许孩子向你提问，如果需要的话，把句子大声读给孩子听。

和认识大写字母的练习一样，你可以从孩子最喜欢的书中打印出一两页，让孩子在每句话的结尾处圈出标点。一旦孩子掌握了句末标点符号，你们就可以开始学习其他标点符号，如省略号和引号。

■ 亲子合作完成写作任务

学校的写作（书写）任务并不总是有趣的，但通过高度合作的方式来处理写作问题，有利于孩子形成想法，并尽可能有效地完成作业。这种效率将减少孩子对家庭作业的抵触。如果你的孩子有书写障碍，写作任务可能需要在高中和大学期间得到支持。专业作家享有合著者、编辑和校对人员的支持，所以没有任何理由拒绝为你的孩子提供类似的支持。

在我们深入探讨你和孩子在写作方面合作的具体方式之前，让我们先看一些通用的年级标准，以及如何帮助你的孩子达到这些标准。

小学写作作业

到小学毕业时，孩子应该能够写出逻辑结构清晰、语法正确的短文。和孩子一起复习：一个完整的句子是一个完整的思想，从大写字母打头，以标点符号结束。故事和文章都有开头、中间和结尾。讨论孩子最喜欢的故事，并指出其开头、中间和结尾。这些讨论将帮助孩子理解写作中结构的必要性。

一旦孩子理解了一般的结构，就开始着手深入研究段落结构。解释清楚为什么每个段落都以介绍段落主旨的主题句作为开头。帮助孩子认真拟出一个主题句，然后指导孩子写出辅助句子。帮助孩子学习如何在整个段落中不偏离主旨。段落中的每一行都应与主题句有关。

一旦孩子理解了段落结构，接下来就要帮助孩子围绕一个主题组织几个段落，之后确保每个段落过渡自然。如果过程不够顺利，帮助孩子观察如何改变段落的顺序，或者段落内句子的结构，让写作更有逻辑性。

继续充当孩子的抄写员。如果孩子不能立刻产生想法，可以通过提示和抄写孩子所说内容的方法进行帮助。举个例子，如果孩子要写一篇描写树木的文章，你可以说："种植树木有什么好处？"你可以让孩子想一想他过去说过的与这个主题有关的话："还记得我们在公园，你说树给鸟儿和松鼠提供了一个非常棒的住所吗？我把他写下来作为文章的开头，你觉得怎么样？"在这个过程中，尽量多编出一些句子。

如果你发现孩子太过偏离主题，就把他拽回来，你可以这样说："几分钟前你正在说，公园里的树木为鸟儿和松鼠提供了一个好住所。在这个问题上，你还有其他想法吗？"

如果你发现孩子已经筋疲力尽，回想一下孩子说过的有趣的事情，看看是否有什么东西能够引发更多的思考。当孩子确实没有精力继续下去时，和孩子一起商定一个结束时间，并坚持下去。

初高中写作作业

随着孩子年龄的增长，他应该可以独立写作了。即使你的孩子已经长大，也并不意味着他不需要帮助，你要确保孩子的所有想法都清楚地记录了下来。初高中的写作作业变得更加复杂。你的孩子将会从与你的合作写作中受益。这一点尤其适用于撰写让很多学生都害怕的研究论文（也许很多家长也同样害怕）。多年以来，我见过很多优秀的学生被这样的作业吓得手足无措。

凯亚（和我）的故事

几年前，我帮助凯亚学习。她是个十一年级的学生，聪明又积极，但有严重的书写障碍。凯亚选修了一门极具挑战性的历史课，并被要求写一份研究论文。阅读论文的指导方针时，我想起了自己多年前上高中时，也有过这样的经历。

十一年级的时候，尽管由于有阅读障碍在学校生活中遇到了很大的困难，但我还是报名了一门颇具挑战的研究性写作课程。我的老师隆哥夫人非常了解我，建议我重新考虑是否要上她的课，但是我向她保证我愿意接受挑战。

有个重要的教训，那就是青少年会从受信任中获益，以此来决定他们想要接受的挑战。如果禁止我上这门课，我的自尊心会受到更大的打击。如果你的孩子想上一门具有挑战性的课程，你应该鼓励他。孩子身边会有很多积极进取、目标明确的学生。我的课堂曾经让我感觉自己像个准大学生，虽然这种可能性不大。

凯亚（和我）的故事（续）

在最初的几周里，事情进展得相当顺利。课堂上讨论了我们可能选作主题的世界重要事件。我擅长对话，所以感觉自己就像在家一样轻松！但之后，我们就收到要求，在周末写出一个大纲。整个周末我都在绞尽脑汁，想着怎么完成这项任务。我知道成品应该是什么样的，但我就是不知道怎么把它写出来。周日晚上，对周一即将发生的后果过度焦虑的我受尽了折磨。

周一如约而至，我交不出任何东西，在随后的几天里同样如此。几乎每天，隆哥夫人都会温柔地提醒我，如果我不完成作业，我就会挂掉这门课。每当这时，我就会点头微笑。我向她保证会完成要求的作业。但在内心深处，我知道自己马上就要挂科了——但不是因为我想挂科，而仅仅是没有能力和工具来完成起草研究论文的全过程。

我和凯亚一起写作时，我为她提供帮助，正如我当年希望有人会帮助我一样。我系统地将每个步骤分解成她可以理解并参与的部分。通过对话，我扮演她的抄写员，积极地让她参与到这个项目中来，并确保遵守合理的时间表。我知道这种方法很耗时，但如果你的孩子有书写障碍，这类帮助是必需的。

■ 怎样和孩子共同书写

和孩子一起书写时，你要把自己想成一个项目经理。你需要了解所有书写任务。对于每一项任务你都要熟悉其指示，这样你和孩子就不会因为某个具体要求而感到惊讶，比如采访当地的某位专家，或者建造一个模型。把任务拆分成一项项小任务，确保能够按时完成论文。然后坐下来和孩子一起完成各项小任务，效率也要尽量提高。这会教会孩子如何一步一步地完成任务。

选择一个主题并着手研究

与孩子讨论书写任务。确保孩子知道具体的要求。帮助孩子选择一个感兴趣的主题。如果已经指定了主题，但孩子没有表现出对它的热情，就通过互联网或者去图书馆查阅资料来激发孩子的兴趣。花时间观看一些与研究论文主题相关的信息视频，或者趣味性很强的影片。参观与该主题有关的当地博物馆或企业。就这样，有序地引导孩子进入研究论文的主题，在书写过程开始之前，孩子就会开始感觉自己就是这方面的专家了。这将激发孩子继续研究论文的积极性，并会让他为之付出更多的努力。

帮助孩子从你所收集的各种资料中识别相关信息。对有LBLD的孩子来说，写作这一环节通常是最困难的。因为它需要非常熟练的阅读技巧和有策略地定位、记录信息的能力。作为书写障碍孩子的家长，你需要提供大量的帮助，比如为孩子高声朗读材料，或者帮助孩子认识到什么东西是值得用在论文里的。

和初高中学生一起写作时，我发现小学水平的课本会让主题阅读的过程更加简单。在图书馆的儿童阅读区就可以找到这类书。和孩子一起阅读、复习其中的一些书，然后帮助孩子为你所收集到的所有材料建立一个组织系统，编排整齐再研究。

开始书写

写作前，首先要询问孩子对主题有哪些了解。写下孩子说的每一句话，即使有些想法看起来和主题毫不相关。你要让孩子知道你重视他所说的内容，这有助于激发孩子产生更多的想法。

当孩子向你口述时，给他提供一些提示和建议，鼓励孩子在必要时详细阐述自己的想法。你可以提供建议，并帮助孩子填写写作过程中可能存在的漏洞。

有时，在写作前制订一个大纲是很有帮助的。其他时候，先写作再制订大纲会更有意义，但前提是在你的帮助下，孩子已经有了书面材料。我见过很多这样的例子，大纲妨碍了思想的自然流动和发展。因此你应该选择最适合你和孩子的方式。

鼓励孩子考虑读者的想法。就大多数学校任务来说，老师就是孩子的读者，每位老师都有自己的偏好和要求。如果写作任务是针对特定读者的，帮助孩子思考为这些读者写作时，什么是需要考虑到的。

凯亚（和我）的故事（续）

我的研究论文危机引发了学校图书管理员的一次勇敢尝试：纳尔逊小姐决定帮助我。纳尔逊小姐心地善良又富有同情心，还是隆哥夫人的好朋友。有一天，纳尔逊小姐把我拉到一边，说道："丹尼尔，你得为你的研究课程写点什么。隆哥夫人不想让你挂科。你写点什么东西交上去，她就会给你一个D的，但是你必须给她写点什么她才会给你D。"

纳尔逊小姐知道我喜欢体育和历史，她从书架上拿来一本书，说道："丹尼尔，回力球是一项迷人的运动。它起源于古代，需要出色的运动能力。"接着她打开书，大声读了几页给我听，"写点东西，随便什么都行，只要是关于回力球的，隆哥夫人就不会让你挂科了。"我答道："好吧，我会的。"但我没有写，我也不会写。最终，课程的最后一天还是到了，我甚至没有交给隆哥夫人一个单词。最后我挂掉了她的课。

直到今天，我仍然在想，如果能够为隆哥夫人写下一篇精彩的文章，我将会多么高兴。我的目标当然不会是考个F。作为教过数以百计的成绩不好的学生的老师，我可以毫不含糊地告诉你，他们也很想拿A。这些学生表现不佳，但从来不是出于本意。他们所面临的挑战超出了自己的能力范围，需要获得帮助才能走上正轨。

我只能想象，如果我当初获得了所需要的帮助，隆哥夫人的课程对我来说会有多么不同。要是有人把任务一步一步分解给我，告诉我每一项做什么，卡壳时帮我一把，我肯定会写出一篇不错的论文。我非常幸运地得到了纳尔逊小姐的支持，但我需要的远不止是鼓励。我需要的是有人一直在我身边，指导贯穿全过程。

凯亚（和我）的故事（续）

与凯亚一起写作时，我想起了自己的经历。我希望当时我能有一名导师，而这正是我想成为她导师的原因。我研究了她的写作任务，仔细剖析，确保我完全理解任务的每个细节。然后，我把它分解成一步一步的小任务，凯亚和我共同拟出了完成每项小任务的时间线。以这种方式处理我和凯亚的写作工作，不仅能让她写出一篇优秀的研究论文，还能让她学到关键的写作技巧。

五段式论文

在写五段式文章时，提醒孩子第一段是介绍性段落。除了主旨或论点，首段应该包括一个抓人眼球的点，这样才能吸引读者。首段还应该向读者呈现对主题和目的的概述。中间三段叙述首段介绍的论点，每段都应以主题句作为句首。结论段重申论点，总结论文的主题，经常以"所以要如何"的论述来升华文章。

给孩子展示五段式结构如何被应用到长篇写作中。例如，在一篇比较两个国家的政府系统的研究论文中，孩子可能被要求每个国家都写五个段落。那么整篇研究论文就需要一个总体的介绍段和一个总体的结论段。

校　对

孩子写完后，请检查他的作品思路是否清晰，行文是否通顺，结构是否合理。确保孩子遵循老师的指示。如果需要修改，问问孩子需要何种程度的支持。有的孩子想要保持高度独立，有的则喜欢得到帮助。

提交写作任务

确保孩子能够在规定时间提交写作任务。离校前，和孩子再三确认论文是否提交成功。如果你觉得有必要，给老师发一封邮件，确认论文已经提交。

一旦整个课题结束，帮助孩子欣赏他自己的成就——完成了一项颇具挑战的写作任务。当你认为论文将出成绩并返还时，及时与孩子跟进进度。

检查反馈回来的书写作业

仔细阅读老师的意见，并与孩子讨论分数。如果孩子得到的分数比预期的低，鼓励孩子去找老师，了解是否有机会修改，重新提交论文。或者问一下，能否通过另一项任务获得额外的学分。

重新提交作品和争取额外学分将有助于提高孩子的分数。更重要的是,这将向老师证明孩子关心自己的课程,同时也会增强孩子的责任感。

凯亚(和我)的故事(续)

当一种生活体验经历了一个完整的循环,特别是第二次的结果更好时,你就会发现它的奇妙之处。这就是我与凯亚合作的经历。我在高中时有过写作创伤,但这次我准备好了。凯亚和我像一个团队一样,一步一步地来。我们讨论了所有需要完成的事情,并尽可能努力写出最好的研究论文。最后,凯亚写出一篇优秀的论文,并获得了当之无愧的高分。更重要的是,凯亚学会了如何满足研究论文的所有要求。

结 语

帮助孩子在书写的过程中找到价值

我还没有遇到过不想在学校表现好的孩子,也没有遇到过一个成绩不好却不失望的孩子。即使获得了帮助,孩子也可能无法获得好成绩。对有书写障碍的孩子来说,书写任务得到一个糟糕的分数往往会让他们倍感沮丧。他们毕竟付出了那么多的努力,所以当他们拿到一个糟糕的成绩时,就会觉得根本不值得去耗费时间和精力。你应该帮助孩子在过程中找到价值。时间会证明一切。但这确实需要花费很长的时间,孩子需要你的支持来保持继续下去的动力,并相信自己的努力是有价值的。

对有 LBLD 的孩子来说,即便他们已经长大,阅读和写作变得更加熟练,也依旧非一蹴而就的事情。你可以通过提前制订计划,帮助孩子形成想法;通过建议孩子可以使用哪些单词或短语的方式帮助他们掌握写作要求。共同写作是完成写作任务的最佳方法。更重要的是,共同合作是帮助孩子获得成为一名熟练写作者和一名成功学生所需写作技巧的最快方法。

第八章

如何应对计算障碍

存在计算障碍的孩子往往在金钱、时间、测量等数学相关的所有领域都表现不佳。这些挑战不仅影响他们在学校的表现，而且还影响许多关键的生活技能。对有计算障碍的孩子来说，辅助性支持是必需的。令人惊讶的是，在我接触过的孩子当中，有许多在数学的各个领域都有困难，但后来却在数学方面表现出色。据我观察，孩子在数学方面的许多问题是可以通过适当的干预和数学训练得到解决的。

目前，许多教育项目集科学、技术、工程和数学（STEM）课程于一体。对于一般的孩子来说，学校提供的数学教学通常已经足够了。有计算障碍的孩子需要更多的支持和指导，才能充分理解课堂上的教学内容，完成家庭作业。

本章你将了解到如何以非常有益的方式为孩子提供数学支持。我将帮助提升数字感和流畅度，解决文字问题并缓解数学焦虑。我还将分享如何使用元认知，鼓励对思考本身进行思考，帮助孩子自我纠正习惯性错误。

虽然本章主要关注基础数学技能的帮助和培养，但我提供的许多方法对初高中生也很有效。如果你有一个十几岁的孩子，在和孩子共同完成数学作业前，可以考虑先复习一下初高中的数学概念。你也可以与某位数学专家或数学辅导老师协作，运用本章提供的具体策略。

■ 在家营造数学文化氛围

存在计算障碍和 LBLD 的孩子会从数学所有相关领域的大量明确指导中获益。与所有的学习障碍一样，早期识别和早期干预是确保良好结果的最佳选择，但在帮助孩子方面，永远不要嫌晚。这对有计算障碍的孩子来说尤其如此。

在培养孩子熟练掌握数学技能方面，有五个成功的关键：

接触数学概念。这一点可以通过不同的方式实现：说、听、做。例如，测量孩子的身高，然后让孩子测量你的身高。两个人的身高相减得到差值，相加得到总身高值。思维要富有创造性，找到孩子和你都喜欢的活动。

提供实际操作材料。这些也被称为教具，诸如算术积木、弹珠、跳棋、大骰子和大型多米诺骨牌等东西可以刺激大脑，使大脑更容易学习和记忆。

做与能力相匹配的活动。始终将活动难度调整到保证孩子可以非常成功地完成。不要引入超出孩子能力的挑战。对有计算障碍的孩子来说，进展是缓慢的，所以要做好缓慢前进的准备,但要一直坚持。

寻找不安的迹象。有些孩子喜欢每天花很长时间玩与数学有关的游戏,而其他孩子可能一周只玩一两次,一次也就玩几分钟。多关注你的孩子。如果你发现孩子出现焦虑或者表现出无聊,请立马放下你手中的事情。

玩得开心!最重要的是,你的孩子需要享受数学。选择有趣的数学活动,帮助孩子营造舒适的学习氛围,构建熟悉的数学概念。下一节将会提供许多与数字打交道的策略。

■ 怎样让数学更加有趣

有计算障碍的孩子需要更多的练习和帮助才能掌握计数技能和基本的数感,如大小数字之间的关系。在金钱、测量、形状和时间方面,这些孩子还需要明确的指导。好消息是,当我们提供的更多帮助和练习符合他们的学习特点时,有计算障碍的孩子可以在这些领域取得优异的成绩。

让我们来看看你可以和孩子一起使用的一些策略,帮助孩子掌握数学的重要领域。

数数练习

为了帮助孩子培养计数技能和数感,请在孩子的卧室或游戏区张贴一张数轴图,数字要大,要可以很容易地读出来。帮助孩子认识数字之间的关系。例如,你可以说:"4 在 5 前面,但在 3 后面。"一定要使用熟悉的物体,如手指和脚趾,来练习数数,越往上数,声调越高。

随后,帮助孩子理解每个数字对应的数量(3 = ***)。这将引导我们学习与数学相关的概念,如金钱、测量和时间。对于这些概念,你可以使用现实生活中的例子来强化指导。

孩子数数更加熟练后,就可以开始基础的加减法游戏。从实际物体开始。你可以买些便宜的大骰子玩掷骰子游戏,把点数加起来,或者反过来,把点数相减。

准备就绪时,教孩子用 2 秒、3 秒、4 秒、5 秒、6 秒、7 秒、8 秒、9 秒和 10 秒计数。你可能想从 2 秒、5 秒和 10 秒开始。帮助孩子认识到,乘法只是另一种形式的加法($3 \times 4 = 4 + 4 + 4$)。

了解金钱

为了帮助孩子更加了解金钱,首先要教他认识硬币和纸币的价值。你可以用手边的任何东西来玩简单的加减法游戏,也可以玩"店主游戏"。给孩子一些面值不同的硬币和纸币,让他扮演店主或者顾客,假装买卖想象出来的一些物品,然后交换角色。等到了真正的商店,你要教孩子从哪里可以找到商品的价格。

存钱罐可以帮助孩子了解储蓄的价值。作为家长,你可以选择给多少钱,多久给一次。但如果你可以的话,让孩子选择如何使用存钱罐里的钱。你不需要用很多钱,即使每周只出 25 美分，也能让孩子知道几个星期才能攒下足够的钱买一包口香糖，或捐出足够的钱支付收容所的一顿饭钱。

测量活动

为了帮助孩子学习测量知识，请参与相关的测量活动：测量朋友和家人的身高、测量孩子卧室的宽度和长度、按照食谱做菜等。鼓励孩子和你一起做饭，在对话中告诉孩子你用了多少食材，为什么要用这么多食材，这会让孩子体验数数、测量，并了解比例的知识。随着孩子数学技能的提高，你可以将食谱翻倍或减半，尝试新的计算方法。

测量时要使用各种工具，如直尺、卷尺、量勺、量杯和天平等。带孩子散步或乘车的时候，教他认识距离单位，比如千米，让他知道什么时候能走到一千米。教孩子如何使用天平测量家里物品的重量，给他描述克和千克的概念。如果孩子要计算一个正方形或长方形的面积，你可以将题目与足球场或棒球场的面积联系起来。如果孩子正在学习统计学和平均数，你可以将一组数字比作一个运动员的分数。这些都是帮助孩子你参与活动的方法。

认识基本形状

帮助孩子认识基本的形状：圆形、方形、三角形等。首先，在一张大纸或白板上画出各种形状，让孩子说出每个形状的名称。孩子可以很轻松地认出形状后，就可以转到立体图形，如球体（比如球）、立方体（比如积木）和圆柱（比如吸管）。

随着孩子年龄的增长，可以和他讨论周长、面积和体积的概念，用孩子能够联想到的一些事情，比如铺满地板需要多少平方米的地毯，注满鱼缸需要多少升的水。

模拟钟表认识时间

使用手机上模拟钟表表盘的时钟来帮助孩子了解时间。此类模拟时钟比数字时钟更适合了解时间，因为它更容易让孩子认识到秒、分和小时之间的关系。让孩子数到60，这就是他所体验到的一分钟。孩子从操场的一边跑到另一边时，你也可以为他计时，教孩子如何测量时间。

告诉孩子一天有24个小时。向他解释一天中他有7个小时左右的时间在学校，八九个小时在睡觉。

使用日历帮助孩子了解日、周、月、年之间的关系。定期使用日历有助于强化孩子对时间的使用和流逝的理解。

■ 如何让孩子思考自己的思维过程

很少有比帮助学生发现能让他们成功的个性化策略更令人愉快的事情。元认知即思考自己思维的过程，在让有计算障碍的孩子纠正经常性错误方面，这是一种非常有效的策略。

从本质上讲，数学得益于一个包含质疑的思考过程。所以当孩子在参加跟数学有关的活动时，有很多机会让他练习自己的思维。系统地推进元认知在全年龄段的运用时，我们就为他们提供了一种有用的学习策略。

杰森的故事就是一个例子，即使是很小的孩子也可以学习元认知，并从中受益。

杰森的故事

杰森是一个极其聪明的二年级学生，他极具创造力而且精力充沛。尽管学校环境相当理想，但他的书面语言能力发展得很慢，甚至遇到了很大困难，这对他这个年龄的孩子来说并不罕见。但这些挑战已经蔓延到其他方面。例如，我第一次和他接触的时候，评估了他从1写到20的能力。首先，我让他从1写到10。第一次尝试就很有挑战性，他把许多数字的方向都颠倒了。

许多孩子也会分不清数字的方向，无论他们是否有计算障碍。

如何纠正数字方向错误

几个简单步骤就能快速解决数字方向错误问题。我们将以数字3为例。

1. 首先，举例说明 3 具体的样子。指出数字 3 指向左边，而不像"E"指向右边。
2. 接下来，写一个正确的 3，然后让孩子写三遍。
3. 之后，给孩子一张白纸。问孩子 3 应该指向什么方向，确保他指向左边。这是元认知策略在起作用，因为你要求孩子在落笔前先思考。
4. 最后，在没有参考的情况下，让孩子写一个 3。
5. 大约 5～10 分钟后，问孩子是否准备好再写一个 3。再次使用元认知策略，提醒孩子思考数字指向哪个方向，然后再让他写一次 3。

杰森的故事（续）

当我们继续写 12 到 19 时，杰森发现自己总是颠倒顺序。12 成了 21，13 成了 31。我明显感觉到他听到数字 13 时，根据英文的发音，大脑首先想起了 3，这就使得他把 3 写在了 1 的前面。

我说："我要教你一个成年人的词，一个你应该要知道的词。这个词是'元认知'。"我让杰森重复这个词。经过一番努力，他能够说出这个词。我解释了什么是元认知，继续说："我们要使用元认知策略来解决一个对你来说有点困难的问题。"

我们谈论了 12 似乎是以 2 开始的，13 似乎从 3 开始，而 14 似乎从 4 开始。这可以理解，但这也是一个挑战。接着我解释说，这些数字的写法其实和它们的发音不同。随后我们讨论了元认知将如何帮助他正确写出 12 到 19。几个星期内，我们从 1 写到 11，然后停下来，讨论"元认知"这个词的含义，并探讨杰森如何在写对 12 到 19 之前思考自己的想法。虽然一开始，他偶尔会颠倒数字顺序，但短时间内，他一直都能写对。

如果你的孩子也有数字顺序颠倒的问题，你可以用同样的步骤来纠正这个问题。

如何纠正数字方向错误

当孩子颠倒数字顺序时，可以采取以下步骤。例如，目标数字是 14，那就先写出 41。

1. 首先，提供一个 14 的示例。指出为何 1 在 4 之前。
2. 接下来，你写一个 14，然后让孩子写至少三遍。
3. 之后，给孩子一张白纸。问孩子应该先写哪一个数字，确保他的答案是 1。这就是元认知策略的作用，因为你要求孩子在落笔前思考了。
4. 最后，在没有参考的情况下，让孩子写出一个 14。
5. 大约 5～10 分钟后，询问孩子是否准备好再写一个 14。再次使用元认知策略，提醒孩子思考哪个数字应该排在前面，之后让孩子再写一遍 14。

■ 如何高效补习数学

你提供的更多数学指导和孩子在学校得到的数学指导在数量上要维持平衡。一般来说，争取每两三天补习一次数学，但要注意不要增加孩子的挫败感或无用感。请记住，这些活动旨在强化学习，而不是让孩子承受超出自身能力的挑战。

经常短时间高频率地与孩子一起学习要比一周一次、每次很长时间效果好。一到两分钟的抽认卡或数学游戏也很重要。由你来判断和孩子一起学习的时长是最好的。如果孩子真的享受这个过程，时间也可以长一些。

在补充数学教学中休息一下也可以。暑假期间或学校放假期间，几周不学数学也没问题。

迅速分析数学问题

作为家长，你能为有计算障碍的孩子做的很有帮助的一件事情就是提高孩子的数学流畅度。数学流畅度和阅读流畅度非常相似，因为它可以让学生迅速地分析一个数学问题，知道应该采用何种策略最终解决问题。数学流畅度的主要好处是可以解放孩子的大脑，使他能够学习和处理更高层次的数学问题。

为了提高数学的流畅度，大量的重复很重要。在孩子能力范围内的重复性数学问题很激励人心。有计算障碍的孩子在解决基本算数问题上经验较少，因此，家长必须在所有基础数学技能方面提供更多的练习和强化。

提高数学流畅度可以从让孩子多参加依靠自己已经掌握的技能解决问题的活动入手。努力了解孩子的数学能力水平。孩子是否只会做个位数加法，不会做两位数加法？如果是这种情况，那么就做大量个位数的数学题目。

我是"疯狂一分钟数学速算表"（mad-minute math worksheets）的忠实粉丝，它能提高我们做加减乘除的流畅度。尽量让你的孩子每周花三四天完成一张表，但要根据孩子的能力调整题目的数量。将难度始终保持在孩子技能范围内可以达到的水平。只有在孩子可以非常轻松地完成一张表后，你才能提高难度。

■ 如何辅导数学家庭作业

作为孩子的学习伙伴，教授和强化数学概念是非常重要的。但是，如果发现你不能以孩子容易理解的方式解释数学作业，请不要担心。完成作业中对你们两个人来说都容易的部分，然后写一张字条，和老师解释孩子未完成的部分。

保持积极的态度。至关重要的是，不要让你和孩子对家庭作业产生沮丧的想法。孩子对学习和学校作业感到挫败会让情况雪上加霜。重要的是，防止孩子对自己作为一名学习者和对一般的学习产生消极情绪。

保持冷静。因为孩子对父母的状态非常敏感，所以对你来说，保持行为镇定是非常重要的。我也知道在面对有难度的数学作业时，这可能是一个很高的要求。我建议你采用以下方法，这能让你在面对孩子的数学作业时更加心平气和。

· 仔细检查孩子的数学作业。如果需要，将作业复印一份，你自己先完成部分或者全部作业。

· 完成作业时，考虑你可能要使用的教学策略或资源，帮助孩子更好地理解概念。

· 一旦你对作业情况完全掌握，就让孩子加入进来。在孩子完成作业时，向他解释完成作业的关键学习目标是什么。关键目标可能是在做减法时学会借位，也可能是在计算如加减乘除时算得更快。

· 让孩子选择一个问题，然后一起解决。继续让孩子选择想解决的问题。

· 如果孩子不情愿或抗拒做数学作业，那就让他挑出一两个数学问题给你做。带着喜悦和赞美去接受这项任务、解决这些问题、传达你的乐观态度和对任务的适应感，你的心态将影响你孩子的心态。然后问孩子，这一页上有没有什么问题是他想尝试做做的。记住，数学问题不需要按顺序做，只需要做完。如果你以这种方式处理数学作业，作业将更快完成，并取得更好的学习效果。

不要过度做题。老师经常会给学生布置20～40道数学题作为家庭作业。对于许多有LBLD的孩子来说，这真是太多了。虽然重复作为培养数学流畅度的一种手段是有价值的，但有LBLD的学生通常在完成所有数学题之前就已经耗尽了精力。评估一下孩子的能力，让他知道他只需做其中的几道数学题。

确保概念的清晰性。看一下数学作业。首先帮助孩子确定他是否理解了概念。数学作业通常是对当天教学内容或是对之前所学概念的复习。然而，对于许多有 LBLD 的孩子来说，老师认为是复习的内容实际上可能是孩子所不熟悉的，是有难度的。孩子有可能不理解作业中的概念，这时就需要再重新教一遍。这也是你要高度参与孩子家庭作业的另一个原因。

设定完成时限。共同决定花在数学作业上的时间，并尽量保持在这个时间范围内。如果孩子因为享受这个过程而决定延长时间，那就延长。

在孩子的能力范围内学习。也许某些天，几乎所有数学作业的难度都超过了孩子的能力范围，这时，你要集中注意力，只做那些与孩子能力相匹配的作业。这可能意味着你要花上所有的数学时间解决一个问题。你的孩子可能会花几天或者几周的时间才能掌握一项新的数学技能。

常见数学作业问题的解决

想让孩子在解决数学问题时更加得心应手，就要了解容易犯错的三个方面：抄写、计算错误（通常叫作"粗心错误"）以及文字问题。

抄 写

有时，老师会要求学生把课本上的数学问题抄写到作业本上,并加以展示。对于有 LBLD 的孩子来说,这是一个极大的挑战。这是一个典型的子技能耦合(详见第三章)。由于不能准确地抄写数学问题,练习数学概念就基本不可能实现。在这种情况下,成功的关键是为完成作业提供帮助,让孩子能够专注于主要的学习目标:练习数学技能。你可能需要协助完成作业的抄写部分,以防抄写耗尽孩子的精力。如果你不帮忙,孩子就无法有足够的精力用于实际的数学学习中。我也建议抄写时使用方格纸,帮助孩子将数字排列整齐,以便展示。

计算错误

当孩子出现计算错误时,通常被说成是"粗心错误"。根本没有粗心错误!"粗心"意味着不细心,但是孩子确实认真做作业了。用粗心、懒惰或者其他负面的形容来定义孩子是有百害而无一利的。为了促进孩子的成长,需要重新表述这些错误的说法。你可以向孩子指出:"你太关心完成作业本身,所以忽略了一个步骤。"

计算错误通常是由于没有能力放慢速度导致的无法确认程序中的每一个步骤都已正确完成。为了帮助孩子放慢速度,要一开始就提醒他,在做数学运算时速度并非首要;花时间提高质量才是我们要争取的。为了鼓励孩子放慢速度,你可以要求孩子在做每一步的时候解释一下为什么这样做、接下来要做什么。这样慢慢解决数学题的每个部分,随着时间的推移,避免出现这些错误的能力是可以培养出来的。

一旦孩子掌握了一个数学概念，就可以让他快速解题，只要他不以牺牲准确性为代价就行。甚至有一天，孩子可以在大脑中迅速完成计算，那就太棒了。这就是我们提高数学流畅度的方法，它们对获得更高级的数学技能至关重要。

文字问题

文字问题对有 LBLD 的孩子来说尤其具有挑战。家长要与孩子紧密合作，读懂文字问题并解释其中的内容。通过使用图表和其他教具，帮助孩子学习如何将文字问题转换成数字问题。

如果文字问题涉及分组，可以使用跳棋、弹珠或其他物品示意。你甚至可以创造出简笔画人物，比如创造一个人物叫丽萨，她有 10 块饼干，她的朋友阿诺德有 4 块饼干。那么你的孩子将从你的简笔画中明白，一个文字问题是如何用图像表达，再转换成数字问题的：$10 + 4 = 14$。

■ 如何解决数学焦虑

相比一般的孩子，有计算障碍的孩子更容易出现数学焦虑。数学焦虑呈现出来的问题是，这些孩子不太可能参与跟数学有关的活动，因此，他们在数学技能发展方面远远落后于同龄人。落后会加剧孩子的焦虑，进而降低孩子学习数学的意愿。事情就是如此。

孩子对数学的适应度往往与其父母对数学的适应度成正

比。作为孩子的学习伙伴，你需要适应基本的数学知识，并对这一学科表现出积极的态度。如果你对数学有兴趣，你的孩子也会喜欢。

让孩子知道，学习数学是一个花费时间的过程。让孩子知道，只要他需要你就会一直在身边帮助他学习数学。

许多有计算障碍的孩子之所以会产生焦虑，是因为他们认为，老师觉得他们成绩不好、学习速度慢是由于不够努力。这些孩子可能很快就会产生严重的焦虑，导致他们课堂学习更加吃力，作业和考试更难取得好成绩。以下是一些让孩子减少焦虑的方法：

- 让孩子的数学老师知道你的孩子有计算障碍，你们和老师建立良好的沟通。
- 努力为孩子提供尽可能多的课前辅导，以便孩子上课时能够了解教学内容。
- 请老师在布置课堂作业时，给孩子布置更少、更简单的数学题。有些老师愿意在练习册上只圈出几个问题让孩子做。这种做法很巧妙，不需要老师花太多时间。

杰森的故事（续）

碰巧看到杰森经过的时候，我正在他学校里向一群老师做元认知的演讲。我知道他很喜欢当听众，就招手让他进屋，问他是否想解释一下"元认知"这个词的含义。"思考思考本身"，他骄傲地说道。听众中间传来惊讶又喜悦的欢呼，随后响起了热烈的掌声。杰森的脸上浮现出灿烂的微笑，之后他离开去忙自己的事情了，但几乎确定的是，他更开心更自豪了，对自己的学习能力也更有信心了。

结　语

参与孩子的学习

对许多孩子来说，计算障碍是一种常见的具有挑战的学习障碍。幸运的是，作为家长，你可以做许多事情来最大限度地减少它对孩子学习、技能培养和自尊心的不利影响。通过积极参与孩子的学习，你能够在家里营造一种数学文化，激励孩子的数学学习。

此外，你可以通过了解孩子在学校的数学需求，积极参与其数学作业的完成，提供适量的数学辅导来提高孩子的数学技能，为孩子的学习提供关键性的支持。

最后，我鼓励你向孩子介绍"元认知"的概念。如果它对杰森有用，那也一定会对你的孩子有用！

第九章

如何应对信息处理和记忆缺陷

有 LBLD 的孩子在听觉处理（更具体地说，是口语处理）和视觉处理这两个领域可能会受到显著影响。在本章中，我谈到的"口语语言处理"和"视觉处理"问题，指的不是听力或视觉缺陷，而是通过倾听口语或通过观看，从而处理、理解和记忆信息的能力。这是个重要的区别，因为许多被视为有口语处理缺陷的人都是卓越的音乐家，他们拥有非凡的听觉，可以处理各种声音和声音的关系。同样，许多被视为有视觉处理缺陷的人都是卓越的艺术家。他们对线条、形状、形式、颜色和空间关系有种敏锐感，这对所有形式的艺术品都至关重要。这些人在口语和视觉处理方面遇到了问题，但这不是说他们的听力功能或视力功能有问题，而是处理、存储和检索信息（特别是口语和视觉信息）的功能有问题。

对有 LBLD 的孩子来说，准确的口语处理和视觉处理非常困难。各种外界干扰已经让这些孩子应接不暇，他们缺乏工作记忆[1]，无法成熟有效地处理听到和看到的信息。幸运的是，如果孩子的信息处理技能落后，你可以做很多事情来帮助孩子。

阅读挑战和写作挑战相对容易识别，确定孩子是否有口语或视觉处理迟滞问题则比较困难。要密切关注孩子的能力发展情况：如果你必须多次重复指令、降低指令的表达速度，你的孩子可能就有口语处理迟滞的情况；如果你的孩子很难完成拼图、找不同，以及理解地图和图表等这类视觉任务，那么他可能出现了视觉处理迟滞。

如果你发现孩子在这些方面有些问题，请不要惊慌。对于LBLD孩子来说，处理信息的适度延迟现象很常见。尽管孩子有处理信息的困难，你的支持仍可能足以帮孩子达到学校要求，完成家庭作业。

如果你担心孩子在这些方面的能力有着明显的落后，向听力专家或视力专家咨询可能会有所帮助。如果专家给出了针对孩子的建议治疗方案，请尽可能多地了解医生已诊断出的病情信息，并仔细审查这些建议治疗方案的潜在提供方。

通常，特殊教育领域的权威专家建议把提高口语和视觉处理能力与促进学术技能发展结合起来。换句话说，如果只是解决信息处理缺陷问题，而不涉及更广泛的学习领域，这种方式只是徒劳[2]。

1　工作记忆：记忆模型的一种，指完成认知任务时，暂时存储和操作信息的记忆系统。——编者注

2　Fletcher et al, 2007.

在本章中，你将学习以下策略，让孩子通过参与学习相关的活动提高处理能力和记忆力。这些策略中的大多数结合了口语和视觉方法来处理、记忆和检索信息。这些策略适用于所有学习领域，即使孩子在口语或视觉处理方面没有明显落后，也可以提高他的记忆力和检索能力。

■ 如何让记忆更加高效

许多 LBLD 孩子很难理解老师在课堂上所说的话。这些孩子可能受到了视觉呈现的大量内容挑战，例如图片、插图和图表。无论是通过听还是看来接收信息，如果你的孩子没有准确地处理，他都将无法记住所教的内容。

记忆是学习的基础。在判断哪个孩子记忆力最好的时候，个体差异这个因素并不总是在考虑范围内。在本书中，我敦促父母成为孩子学习特征方面的专家，而你的专业知识之一就是了解你的孩子如何记忆可以高效。作为 LBLD 孩子的家长，你要在教学工具箱中尽可能多地装进学习策略，促进孩子记忆学校的教学内容，这种方法很有用。以下是帮助你获得这些重要工具的策略。

给孩子提供巩固记忆的时间

LBLD 孩子通常需要比同龄人花费更多的时间来处理他们所学的内容。在课堂上听到和看到的大部分内容都教得太快，他们无法理解和记住。作为孩子的学习伙伴，你可以在陪孩子做作业时重新学习概念，帮助孩子弥补一些在课堂上错过的东西。

与孩子一起完成家庭作业的时候，请确定孩子学习内容中的重要内容。与孩子一对一学习将使你能够以与他处理信息能力相适应的速度展示学习材料。请仔细考虑你展示材料的速度，以及你从一个概念转入下一个概念的速度。如果你过快地转向一个新概念，孩子可能无法充分理解和记忆先前的概念。

要了解我们如何处理和记忆信息，请在脑海中想象一个沙漏。我们都知道沙子通过狭窄的中部从上到下缓缓流下。现在，把沙漏的顶部想象成你的短期记忆[1]，它有时也被称为工作记忆。我们接收到的任何信息开始会保存在我们的短期记忆中，即沙漏的顶部。随着时间的推移，这些信息会转移到我们的长期记忆[2]中，即沙漏的底部。我们短期记忆的容量是有限的。如果我们短期内收到太多信息，就好像沙漏的顶部溢出了，溢出的沙子是丢失的信息。我们需要缓慢地接收信息，这样才有充足的空间防止信息溢出。

你可以认真思考孩子的能力，看他在给定的某一时间内能处理多少信息，从而帮助孩子。这可以帮你判断你想向他提

---

[1] 短期记忆：大脑对外界信息加工、编码、短暂保持的记忆，工作记忆属于短期记忆的一种。——编者注
[2] 长期记忆：有巨大容量可长期保持信息的记忆。——编者注

供多少信息。此外，在传递信息时，暂停一下也很重要，这样可以让短期记忆中的信息慢慢进入长期记忆的范畴中。

当孩子处于顿悟时刻，请保持警惕。然后，等一两分钟再继续学习一个新概念，这样孩子就可以充分巩固他刚刚学到的东西。如果你不停顿地输出信息，孩子刚刚掌握的所有内容都会从短期记忆中"溢出"。我将这些关键停顿称为巩固时间，因为它们为孩子提供了巩固所学知识的时间。

片刻之后，可以玩一下井字棋游戏，或纸牌游戏，或参与一些其他有趣的活动，如绘画或拼图，这些通常会很有帮助。花在这些活动上的时间正是孩子的大脑处理和存储刚刚学到的东西所需要的时间[1]。

记忆：有进必有出

说到记忆，存储信息的能力只是它的一种功能。另一个同样重要的功能是检索。**实际上，信息检索增强了我们记住所教内容的能力。**

几年前，我遇到了一个沙漏，它一半装满了水，一半装满了蓝色的油。我用这个独特的沙漏向学生说明了另一个记忆原理。众所周知，油会漂浮在水上，一旦沙漏翻转，油会"反抗重力"，从下半部分上升，我们把这上升的油当作长期记忆。然后，油会流入代表工作（短期）记忆的沙漏顶部。

---

[1] Aamodt and Wang 2011.

信息进入长期记忆，然后经检索又成为工作记忆，这样的反复过程会促进记忆的加深。作为父母，你可以系统地安排训练以加强检索过程。

一个多世纪前，德国心理学家和记忆专家赫尔曼·艾宾浩斯（Hermann Ebbinghaus）研究了遗忘现象。他发现，如果要求某人在接收信息后立即检索，此人很可能准确、完整地检索该信息。如果接收信息和检索信息之间存在明显间隔，那可以检索的信息数量及其准确性往往会下降。

但重要的是了解这种遗忘现象后，你如何帮助孩子更好地记住他所学的内容。教孩子一个新概念时，你要系统地增加每次检索信息间隔的时间。例如，为孩子提供一个单词的定义，立即让他重复该定义。在再次要求孩子回忆信息之前等待30秒。然后等待一两分钟，再次让孩子回忆这些信息。如果孩子给出了正确的答案，请将回忆间隔延长到5~10分钟，然后延长到30分钟或1小时；之后将回忆间隔增加到几个小时，最终至一两天。通过这样系统地增加检索的间隔时间，你将增强孩子对所学概念的记忆。对于口语和视觉处理迟滞的孩子来说，这种方法必不可少，因为他在处理信息时，可能会遇到效率低下的问题。

记忆的动机

动机专家丹尼尔·平克提出了动机的三个关键要素：自主（高度自由和选择）、目标（知道为什么要做某事）和掌握

(成功)。在帮助孩子学习和记忆信息时,利用这些关键要素可以提高学习效率。

可以通过让孩子选择记忆材料的方法来提高孩子的自主性。可以通过帮助孩子理解记住这些材料的重要性,来激发他的目标感。要帮助孩子认识到他自己可以从努力学习中受益颇多。如果好成绩激励了孩子,请提醒孩子如何通过更多的努力提高成绩。在使用本书中的学习技巧时,你可以积极主动地与孩子合作,提高孩子的掌握感。

■ 帮孩子处理和记忆信息的趣味技巧

有许多好玩和有趣的方法来帮助孩子记住他们自己应该学习的材料。下面这些策略是我多年来用来帮助我的LBLD学生更好地处理和记忆他们所学知识的,同时这些策略也可以用来有效地准备考试和测验。我希望你能找到与孩子的最佳学习方式相匹配的策略,并考虑到他在口语和视觉处理方面遇到的挑战。

成为平静的源泉。LBLD孩子在课堂上经常焦虑和分神,因此他们无法有效地处理、记住听到和看到的内容。如果你能保持冷静或情绪稳定,你的孩子也会像你一样保持冷静,调节情绪。通过这种方法,你可以帮助孩子准确地处理和记住课堂上错过的信息。

在开始学习之前为孩子做好准备。孩子在接受信息方面准备得越充分,他在记忆信息方面就越成功。例如,如果你的孩子正在为一项涉及《权利法案》（Bill of Rights）的考试做准备，你可以在开始之前对孩子说："我们将回顾《权利法案》，什么是《权利法案》？"你会希望孩子说："《权利法案》是美国宪法中的前十项修正案。"如果你的孩子难以正确地回忆信息，请务必立即阐明这个定义，然后重述你的问题。

从最重要的知识点开始和完成作业。我们往往会记住我们经历的第一件事和最后一件事。例如，到达目的地和离开目的地通常很容易记住，但有时中间的事件比较难回忆。作为父母，你可以利用这一现象帮助孩子为考试学习，在开始和结束时学习最重要的知识。

为内容注入情感。所有人都是如此：如果与接收的信息有情感互通，他就会更好地处理和记住信息。如果孩子对材料有强烈的感觉，那么他将更有可能记住所学内容的重要细节。例如，如果你正在帮助孩子了解有关美国殖民时期的一些知识，你可以讲述一段关于某位英雄人物的逸事，或这段时期发生的一些重大悲剧。这些故事所唤起的情感将促进孩子对所有相关内容的记忆。

内容要相关。相关性是相对的，尤其对孩子来说。你的孩子需要学习的重要内容只有在与你相关的时候，才会显得与他相关。作为父母，你要对尝试教给孩子的内容产生真正的兴趣。对你来说，光合作用这个话题可能并不完全令人兴奋，但如果你能从中找到一些兴奋点，这将对孩子有所帮助。你的兴奋点将成为孩子的兴奋点，会让他更好地了解光合作用。

把新旧知识联系起来。帮助孩子将他已经知道的知识与你正在教授的新信息联系起来，这样可以提高孩子记忆材料的能力。做到这一点的一个方法是，将新信息与熟悉的图像联系起来，帮助孩子将你正在教的内容视觉化。例如，使用熟悉的自行车车轮图像来帮助孩子"看到"水循环的各个阶段。你还可以将新信息与熟悉的词联系起来。孩子可能知道"点燃"（ignite）这个词的意思与着火相关。在了解熔岩形成的岩石类别火成岩的英文名时，就可以帮助他将 ignite 一词与 igneous（火成的）一词联系起来。这样的单词联想法非常有用。

考虑复杂性。在向孩子解释概念时，只讲到你认为孩子能够理解的程度即可，删减无关信息。例如，孩子可能不需要了解原子如何结合形成分子，而只需要知道光合作用是植物为自己生产食物的方式。向学习目标持续奋进的同时精简信息。

将研究地点与正在研究的内容相匹配。我们的记忆能力源于我们在物质世界中导航的需要：为了找到食物、水、住所和朋友，我们需要能在环境中辨别方向。通过把我们正在学习的内容与现实生活中的接近的地点联系起来，我们可以利用这种本能来记住环境中的细节。例如，如果正在帮助孩子准备消化系统的解剖学考试，你可能想在厨房学习；你可以更轻松地将房间里的物品（例如食物和炊具）与消化系统的各个方面联系起来。你还可以将房屋的结构组件（例如梁和墙）与骨骼系统相关联。

检查并确保孩子完全理解了概念。孩子经常高估他们对一件事的了解程度。为了让孩子记住一件事，他需要了解它的含义。这就是为什么要让孩子按照学业任务详细阐释，从而检查孩子的理解深度，这是至关重要的。例如，如果孩子即将参加关于光合作用的测验，他可能会觉得，只要知道光合作用是植物制造它们生长所需食物的过程就足够了。但是，你可能得明白，想要孩子在测验中获得满分，他还需要知道光合作用是植物利用阳光将二氧化碳与水结合产生葡萄糖和氧气的过程。

创造性地分解困难的单词和概念。有时创造一个重要的词或概念的有趣变体可以极大促进孩子对它的记忆。例如，你可以画一个热水瓶，上面写着"热"字样，水从顶部开口处喷出，帮助孩子记住海底的热液喷口喷出的是过热水。这种方法可以让孩子使用视觉提示来记住一些概念。

尝试夸张的发音。夸张的嘴巴动作和发音可以增强记忆力。这种方法特别适合学习拼写某些单词。例如，schedule这个词可能很难拼写。将其发音变为"skeh-du-lee"可以使拼写更容易记住。

使用夸张的语调。在向孩子展示概念时，试着改变单词的重音强调。例如，如果你描述水循环，可能会说："阳光炙热的照射使水蒸发，水上升然后冷却形成云，产生雨，雨又落回陆地。"你可以强调"炙热"这个词，让它听起来很热；你可能会用一个上扬的语调说"上升"，用更低、更深沉，甚至有点颤抖的声音说"冷却"这个词。

结合歌曲、节奏和旋律。信息变成一首歌或旋律时，有些孩子会特别容易记住信息。比如用字母歌记住26个字母及其顺序。

使用助记符、首字母缩略词和顺口溜。 助记符是一种有助于记忆的字母、想法或联想模式。孩子们非常有创造力，喜欢创造助记符。首字母缩略词"HOMES"（家）是记住北美洲五大湖名称的绝佳助记符：Huron（休伦湖）、Ontario（安大略湖）、Michigan（密歇根湖）、Erie（伊利湖）和Superior（苏必利尔湖）。顺口溜可以是诗、字谜或其他形式，其中的某些字母可以组成一个或多个单词。我的一个特别有创造力的学生想出了以下句子：He never ate Kellogg's except when he ran.（他从不吃家乐氏，除非他跑步。）这帮助他按照元素周期表上的顺序记住了惰性气体：He（He 氦）never（Ne 氖）Ate（Ar 氩）Kellogg's（Kr 氪）eXcept（Xe 氙）when he ran（Rn 氡）。"

使用图表。 图表是处理和理解重要概念的好方法。例如，为了帮助孩子了解美国政府的三个分支，可以制作一张包含三个主要分支的树状大海报。一个分支是行政部门，画一个大的"X"来帮助孩子记住"执行"，然后你可以把"X"变成代表总统的人物。对于司法部门，你可以画九个简笔画人物，并写下孩子在与你一起学习时了解到的最高法院大法官的名字。[我曾经和一个八年级的学生一起合作，她很高兴了解了桑德拉·戴·奥康纳（Sandra Day O'Connor），这位大法官不仅是女性，而且还喜欢骑马，和我的学生一样。建立这种特殊的联系，可以帮助学生更好地记住司法部门。]

创建时间线。时间线利用了我们大脑按顺序记住事物的自然倾向。这使我们能够记住字母表中的字母和连续数字。大多数人对事件记忆最好的时候就是在他们能依靠想象视觉再现出所发生的事情的情形下。用非常简单的图示和插图创建一条较长的时间线,帮助孩子将故事中或重要历史事件中的人物、事件、地点和其他重要细节形象化。

学习材料融入生活。即使以非正式的方式让孩子熟悉信息,例如墙上的海报,也可以增强记忆力和记忆的持久性。确定孩子需要记住的关键词、想法和其他内容,随着考试或测验的临近,把这些信息贴在孩子学习区的墙壁上。这种信息融入生活的方法也将有助于记忆。

利用多种感官。有时,调动尽可能多的感官可以促进记忆。例如,锁车门的时候,当你按下锁车按钮、看着锁闩落下,或者听到上锁发出的声音时,通常会很容易记住你已经锁好了车门。触觉、视觉和听觉的结合,增强了你对所发生事件的记忆。在帮助孩子记住课业材料时,可以利用这些知识。例如,在解释板块运动这一现象时,给孩子看演示板块运动的插图和视频,或让他亲自动手——将一张纸撕成两半,然后将两张纸推到一起来表示汇聚的板块。孩子越能用手亲自操作物体,他就越有可能记住这个话题。

与孩子散步时学习。因为身体运动可以促进记忆,所以有时边运动边学习也有帮助。与孩子一起到安静的地方散步,并讨论他正在尝试学习的材料。避免在需要十分集中注意力的运动上做此尝试,例如一对一篮球,因为这个时候让孩子集中注意力在学习材料上几乎是不可能的。但在单纯的运球或练习罚球时,讨论一下学习材料可能会有收效。使用你自己的良好判断力来判断哪种活动最适合孩子。

避免感官竞争。视觉和听觉可以相互竞争。一些有 LBLD 的孩子如果能在听你阅读时闭上眼睛,会更好地处理和记住信息。事实上,如果你正在大声朗读课本中特别重要的部分,请鼓励孩子闭上眼睛,专注倾听你所说的话。

■ 为什么孩子总会遗忘

为了帮助孩子记忆,了解我们遗忘的方式和原因是很有用的。威廉玛丽学院的心理学教授彼得·维什顿(Peter Vishton)指出了我们遗忘的四个原因。

· **编码失败(缺乏理解)**
问题:孩子无法处理和理解他所学的内容。
解决方案:立即检查是否理解,并提供说明。

· **衰减(很快遗忘)**
问题:孩子很快就会忘记所学的内容。
解决方案:采用重复和回忆的方法。

· **倒摄抑制和前摄抑制(分心)**
问题:在接受一个概念时,孩子会受到前后所经历的事情干扰。

解决方案：确定一个非常具体的学习目标。尽量避免在提出目标概念前后让孩子立即受到明显的干扰。

·遗忘过程的时间安排（材料复习不充分）

问题：孩子在一两天后忘记了他所学的内容。

解决方案：有策略地将学习时间不断增加。

结　语

记的越多，做得越好

许多 LBLD 孩子难以有效地处理他们看到和听到的内容。这些孩子不仅受到处理这些信息的挑战，而且还受到要求他们记住这些信息的挑战。孩子记住的越多，他就能做得越好。只要你继续积极促进孩子的记忆力发展，这项技能就会自发地建立起来。

第十章

如何应对注意缺陷多动障碍和执行功能缺陷

我们完成计划家庭假期、管理家庭等各种任务所需的技能称为执行功能技能。孩子要完成学校的任务，也需要相同的技能，包括注意力、努力、记忆力、组织力、时间管理能力，以及许多其他能力。对有注意缺陷多动障碍（ADHD）的孩子来说，这些能力发展明显迟滞，甚至持续到成年早期[1]。在本书第一章中，我描述了为什么把LBLD最好理解为学习障碍的连续体，因为多种学习障碍经常同时发生。ADHD也不例外。我们发现，有ADHD的孩子经常被诊断出有阅读障碍，而有阅读障碍的孩子也经常被诊断出有ADHD。因为这两种学习障碍有明显的重叠，所以在关于如何养育LBLD孩子的书中，ADHD是一个重要主题。事实上，本书中提供的几乎所有策略都适用于患有ADHD和阅读障碍的学生。

1　Brown 2005.

除了这种常见的重叠，在许多情况下，有阅读障碍的孩子在管理书面语言（有时是数学）需求方面的挑战与 ADHD 的孩子在书面语言和数学方面遇到的挑战相似。虽然潜在的书面语言技能发展不足会影响到阅读障碍的孩子，但注意力、持续努力和相关能力的不足阻碍了 ADHD 的孩子，让他们无法达到书面语言和数学的要求。对于患有阅读障碍和 ADHD 的孩子来说，他们面临的结果是一样的：处理书面语言和获得数学技能的效率明显低下。在本章中，我不讨论治疗 ADHD 的药物。如果你对药物感兴趣，请寻求医疗咨询。

我们每个人的执行功能在某些方面都可能有些问题，但被诊断患有 ADHD 的人具有严重且长期的执行功能缺陷。如果孩子被诊断出患有 ADHD，或者只是被学校的要求压得喘不过气来，你可以非常积极主动地与孩子合作，帮助孩子弥合能做的事和要做的事之间的差距。这种方法将帮助孩子应对学校的需求，掌握基本的执行功能技能，因为孩子将在真实的环境中——通过实际应对真正的需求——习得这些技能。这是促进执行功能技能提高的有效方式。许多研究表明，许多旨在改善工作记忆（对执行功能至关重要）的计算机程序并不能显著提高诸如管理学校功课等现实生活中的能力。[1] 因此，你是孩子获得这些关键执行功能技能的最大资源。随着时间的推移，孩子将能够越来越独立地使用这些技能。

本章将会提供一些策略，帮助孩子保持学习区域和书包

1　Melby-Lervåg, Redick, and Hulme 2016.

整齐有序,帮助孩子开始做作业、从一项活动过渡到下一项活动、在写作业时合理调节情绪,以及管理时间。这些策略对于需要帮助才能保持一切井井有条、需要帮助管理时间的儿童、青少年和刚刚成年的年轻人也很有效——无论他们是否患有 ADHD。你将学习如何成为孩子的队友,让孩子做作业更容易,甚至更有趣。通过这些方式,孩子完成家庭作业的效率会更高,会更加积极地对待作业。孩子变得更积极时,他也会付出更大的努力,更好地学习和掌握材料,并在学校表现更好。

■ 整理技能:形成有序,保持有序

形成并保持井然有序需要强大的执行能力,还需要大量的时间和精力,而孩子可能有,也可能没有。通过定期与你一起参与整理任务,孩子将熟悉并适应流程。

书 包

让我们从 ADHD 学生最常见的一个整理问题开始:书包。杂乱无章的书包是很多学习障碍的根源,这会超出你的想象。井然有序的书包对学习成功非常重要,一个原因在于它给老师留下的印象。不整齐的书包向老师传达的信息是:孩子不勤奋。杂乱无章的书包也让孩子难以快速找到作业、找到每个科目对应的文件夹,难以快速掏出纸笔记录作业。

许多父母被告知，整理书包应该是他们孩子的责任。当然最终，这会是孩子的责任。但是孩子，尤其是 ADHD 的孩子，需要大量的时间、模板和指导，才能发展出他所需要的所有能力，才能保持事物井然有序。

丽莎的故事

丽莎是一名八年级学生，她的学业处于直线下滑状态。她有阅读障碍和 ADHD。她喜欢学习新事物，但家庭作业让她失去了在学校的所有乐趣。在我与丽莎的第一次会谈中，我向她描述了在工作中取得成功的人如何在团队中工作。我建议，有一个像我这样的队友，她完成家庭作业可能会更容易，甚至可能更有趣。丽莎半信半疑，但同意了。"好吧，丹尼尔，"她说，"试一试吧。"

我们马上就开始了。整理书包通常是最好的开始，我问丽莎我们是否可以先整理一下她的书包。她的书包完全乱了套，里面都是以前的作业和纸稿，甚至可以追溯到上一学年初。翻阅她的书包和笔记本就像是在考古探险。我向丽莎指出这一点后，我们都笑了。

为了让她参与整理自己的书包，我举起每张纸，让她决定怎么做：(a) 放在书包里；(b) 打孔收入活页夹中；(c) 归档；或 (d) 当作可回收垃圾。我为她做了这个整理活动中的动手部分，因为我希望她只专注于决策。

对多动症孩子而言，操作示范非常关键。你可以帮助孩子整理，并提供整理的策略，从而帮助孩子学会照顾自己。最终，孩子会自觉形成一套标准，明白什么才是有条理的。也许，孩子将第一次体验到整洁的书包实际上是什么样子。与混乱的模样相比，这种整洁的新模板通常需要数周或数月才能建立掌握。但是一旦内化，孩子会准备好自己主动分类。

学习空间

保持孩子书包有序的过程也可以应用于整理孩子在家的学习空间。每周至少一次和孩子坐在学习区一起学习，确保所有用品都备齐，垃圾清理干净，虚拟和实体文件夹及桌面都整理好，并考虑到所需的阅读材料。熟悉和重复这一整理流程，最终孩子会养成保持整洁的习惯。

■ 培养孩子独立完成家庭作业

正如每辆汽车都需要电启动器来启动发动机，许多孩子需要辅助才能开始学习。人们很容易认为，孩子不愿意开始任务（这一行为通常与 ADHD 相关）是在他们的自我掌控之中，但其实孩子控制不了。每当孩子不能独立开始一项任务时，你就需要参与其中。

与孩子合作，找到他的书包，然后让孩子将书包带到指定的学习区域。有些时候，最好的开始方式就是从书包里拿出所需的材料。一旦你将教材打开到适当的页面，把练习册和铅笔放在桌子上，或者调好孩子的平板或计算机，孩子就会发现这项任务并不像他认为的那样艰巨。我发现，成年人大声朗读作业要求、文本和问题的时候，学生实际上会不自觉地做作业。

通过这种方式系统地安排家庭作业的开始步骤，孩子更有可能完成家庭作业。让孩子开始独立写作业时通常需要花费大量的精力，这种程度的帮助可以节省不少精力。

■ 帮助孩子保持注意力的集中

开始写家庭作业的时候，你可能会发现孩子的注意力会减弱或走神。这在做作业的早期阶段并不少见。我们大多数人都有这样的经历，在开始阅读一篇文章或一本书时，必须付出更多努力才能读完前几句或前几段。做作业的孩子也有类似的现象。孩子的大脑可能需要一段时间才能专注于手头的作业。

尽量让讨论活跃起来。指出作业中的有趣方面。鼓励孩子分享他对你们一起所做事情的观察。很快，你会发现孩子专注于手头任务的能力变得更好。在大多数情况下，只要孩子享受这个过程，并从中获得回报，他们就能够保持注意力。

保持注意力的一个关键方面就是帮助提高孩子的工作记忆。ADHD的孩子通常难以同时有效地处理许多不同的想法或概念。你可以提供与手头任务重要细节相关的提示和提醒，从而帮助孩子。你可能会发现在一张纸上写下关键词，或提供视觉提示（例如图表和插图）会很有帮助，这些提示可以代表孩子在做作业时遇到的概念。即使孩子的教科书上有概念插图，通过创建你自己版本的相同图表，你也可以在更高层次上吸引孩子的注意力。如果你觉得孩子有这种倾向，也鼓励他自己画图表和插图。目标是帮助孩子牢记作业中与主题相关的关键信息。这种方法是帮助孩子提高工作记忆的绝佳方式。

■ 在做家庭作业时调节情绪状态

ADHD 的孩子经常难以调节自己的情绪状态。这些孩子在执行挑战性任务、感到困惑或无聊时，往往容易变得沮丧。能否帮助孩子保持情绪调节水平，有效地完成家庭作业，与你自己情绪状态的好坏密切相关。孩子对父母的情绪状态非常敏感，因此，在陪伴度过家庭作业时间的时候，你找到一个平静舒适的地方至关重要。

所有父母在陪伴做作业时都面临的一个重大挑战就是孩子的无聊感。众所周知，无聊是一种压力源，根据我的经验，患有 ADHD 的孩子特别容易因为无聊而产生强烈的反应。作为成年人，我们已经发展出应对无聊这项压力的机制。然而，孩子还没有完全发展出这种技能。

如果孩子特别容易受到无聊情绪的负面影响，请尽快完成家庭作业。要判断何时短暂地运动休息一下，比如，投篮、跳舞、做瑜伽或跳绳。没有什么比体育活动更能缓解压力了。如果这个方法可以成功地帮助孩子调节压力，你也可以在体育活动和学习任务之间来回切换。虽然可以鼓励和温和地提醒孩子继续完成作业，但最好的办法是做出榜样，自己高度专注并努力，以帮助孩子保持专注和努力。

保持情绪，开始下一项作业

我们都知道那种对某项任务感到适应后想要继续坚持下去的感觉。一旦孩子在完成学校任务时获得了动力和适应感，他就可能想要坚持做下去，而非转向另一项家庭作业。在这种情况下，你可以提醒孩子，他可以继续正在做的事情，但开始另一项作业对他来说也很重要，你的提醒会很有帮助。我们可以通过拿出下一项作业来促进这种过渡，例如可怕的数学练习册，一旦任务出现在眼前，孩子就更有可能愿意过渡到这项作业上。在孩子开始新作业时，将已完成的作业放到一边或收起来也可能对你有所帮助。如果孩子仍然不愿意进入下一项，请尝试鼓励他在固定的时间内完成新作业，可以是 5 ~ 10 分钟。

尽管 ADHD 的孩子容易分心，但也经常会有一定程度的过度专注，让他们无法适当地转移注意力。如果孩子的过度专注带来了有益的结果，例如写作篇幅很长，或绘制了非常精细的作业插图，给他留出足够的时间完成任务可能是件好事。这些经验无疑将成为未来保持注意力技能的基础。

但是，如果专注的程度过高，开始排斥所有其他事情，请首先建议孩子在当前作业上再学习几分钟，帮助孩子进入另一项作业，并说明新作业只会持续很短一段时间。只要你保持信守诺言的习惯，孩子就会相信这些调整，并且及时拥有在高兴趣活动和低兴趣活动之间来回切换的能力。这里的重点是，期望孩子能独立完成作业的同时又能自主开始下一项是不合理的。在新任务开始时，他需要你在场和支持才能顺利进入下一项。

五个原则掌握时间管理技能

有效管理时间是一项基本的生活技能。很少有环境比学校更需要谨慎的时间管理，但患有 ADHD 的孩子和青少年很难达到学校严格的时间要求。

随着时间的推移，大多数患有 ADHD 的孩子、青少年和刚成年的年轻人将培养出守时的能力，能制定合理的计划来搞定家庭作业、日常学习和考试，并按时提交作业。然而，虽然这些能力在发展，但孩子仍将需要你的大量帮助。

在本书中，我一直鼓励你随时了解孩子学习需求的方方面面，时间管理也不例外。从简单地准时到达公交车站，到在四周的期限内完成一个项目，有 ADHD 的孩子迫切需要帮助。如果没有时间管理的帮助，这些孩子会遇到许多挫折，这只会加剧他们认为自己是差生的消极想法。遵循以下五个简单的时间管理原则可以避免他们产生或加深这种负面的自我印象：

1. 想象自己是时间管理者。

2. 让自己了解孩子必须遵守的所有重要日期和时间表。

3. 创建一些简单、清晰、易于阅读的直观时间表：一张一目了然的学校相关事务月度大日历，张贴在你家的墙上；一目了然的周历，这样孩子就可以想象这周会发生什么；一目了然的当天日历，让孩子每天早上都能了解当天的情况。

4. 为孩子提供有关重要事项的每日提醒，例如提交家庭作业。

5. 为孩子提供易于阅读的时钟和手表。随着孩子长大，教他认识时间的流逝。与孩子交流，告诉孩子时间是一种宝贵的资源，必须明智地使用。

说了这么多，就是要确保孩子有一天不用担心时间。众所周知，生活变得像高压锅一样，正在挣扎的孩子是最脆弱的。这可能需要你付出一些必不可少的责任和活动时间，因为有时你和孩子需要一天的空闲时间，来体验没有严格时间表的生活。

结　语

父母的协作支持将帮助孩子进步

如果孩子有 ADHD，他的执行技能掌握得会很缓慢。为了学习、完成家庭作业、管理时间和保持功课井然有序，孩子将需要你的高度协作支持。你支持的多与少会根据条件的变化而变化，有时重要，有时次要。但据我所知，除了你的支持，还没有什么其他方法可以更有效地帮助 ADHD 的孩子在学校取得进步。

第十一章

与高年级学生一起学习

一些有 LBLD 的孩子成功地完成了小学和中学的学业,在进入高中时却碰壁了。高中学习内容更加抽象和复杂,作业更多,更具挑战;测验和考试要求还更高。即使是最努力的学生也会不知所措。孩子高中学段的最后一两年,你对他的要求将随着学习的节奏、任务量和复杂程度的增加而呈指数增长。不过,别担心。你和孩子可以学习本章中提供的策略,努力加以应用,克服这些挑战。

蒂姆的故事很好地说明了 LBLD 青少年在十一年级和十二年级可能遇到的困难。对于你们中的一些人来说,蒂姆的故事可能看起来很极端。而对于另一些人来说,蒂姆的故事可能准确地反映了你与自己的孩子曾经面临或正在面临的困境。

蒂姆的故事

几年前,蒂姆17岁,他的母亲布伦达安排了一次咨询。她分享说蒂姆是一个聪明的年轻人,从小就与LBLD作斗争。小时候,蒂姆性格温和,态度积极。不幸的是,蒂姆后来开始在众多学习和个人生活困难中挣扎。

布伦达告诉我,进入高中后,蒂姆发展迟滞的书面语言技能和其他执行功能技能成了严重问题。九年级时,布伦达为蒂姆安排了504计划。在布伦达、定期家教的帮助,以及蒂姆参与的504计划中的其他安排下,蒂姆能够在十年级保持平均成绩为B。

进入十一年级后,学校的要求开始超出他的能力。突然,蒂姆无法跟上进度了。尽管他读完了十一年级,并以C和B⁻的成绩通过了大部分课程,但他的西班牙语课程却没有通过。

■ 如何帮助高年级的孩子

与前几年相比,LBLD学生在十一年级和十二年级经常需要更多的帮助。他们需要帮助来应对高年级加快的速度、增加的内容和复杂性。一般来说,前进的最佳方式是后退几步,并提供更高水平的帮助。

你可能会想:"我的孩子现在不应该更独立吗?我会不会让孩子对我产生依赖,一旦孩子毕业就很难摆脱这种依赖?"我建议继续提供帮助,有时甚至要加大帮助程度,这一做法可能会让人感到意外。直升机父母和有所助益的父母之间只有一线之隔。直升机父母会提供不需要的帮助，而有所助益的父母会提供需要的帮助。通过仔细分析孩子的需求，并与他公开、持续地对话，你将能够确定孩子需要哪些帮助。通过提供这种帮助，你实际上是在促进独立，因为独立的一个关键因素是知道"我"需要什么帮助，以及如何获得帮助。

为了让我的协作式支持方法能够成功地帮到年龄较大的孩子，关于孩子何时实现独立这一问题，你需要调整观念。青少年通常对他们想如何做事，以及父母应该参与多少有固执的想法。陪伴在孩子身边，保持健康的关系，这些就是在向孩子表明，一旦他准备好了，你有信心他会独立生活。

我还鼓励你接受健康依赖的概念。健康的依赖是成功的依恋关系的表现，在这种关系中，孩子认识到父母不会在他需要的时候抛弃他。独立需要一些高阶技能。正如我们所知，与同龄人相比，LBLD青少年需要更多的时间和帮助，才能获得这些技能。如果一个年轻人没有表现出独立性，这通常意味着他根本没有发育成熟。我见过许多青少年一直挣扎到20多岁时，最终在他们的个人和职业生活中都表现得很出色。在此之前，你和孩子都应该意识到依赖可以是健康的。事实上，这是一种积极的亲子关系的标志。

让我们来看看学校的要求经常超出了十一、十二年级LBLD学生个人能力的三方面：节奏、任务量和复杂程度。我在这里提供的策略与我对蒂姆和他妈妈使用的策略相同，相信这也会帮到你的家人。

学习节奏

在高年级，考试、小测验和作业的频率急剧增加。老师的授课（语速提高、用词更复杂和少有重复）通常会超过LBLD孩子的能力。此外，学校对学生写作和口语的要求也会增加。例如，在高年级，老师可能希望学生能快速组织想法并做出详细回答。LBLD孩子也许能够回答这样的问题，但是很可能需要更多时间来形成表达和回应。

你可以利用高年级严格的节奏来帮助孩子，以下是一些方法：

·经常查看课程网站，或直接咨询孩子的老师，评估预期的教学速度。孩子能跟上吗？LBLD青少年很容易意识不到快节奏实际上是一个挑战。坦率地与孩子沟通，告诉孩子学习节奏比往年快得多。有了这种意识，孩子有可能在课堂上更加专心，并会在项目管理方面提前规划。

·制作每周挂历。不仅要注明班级的每个重要截止日期和考试日期，还要注明任务开始和准备考试的日期，包括完成每项任务各个节点的日期，以及应为即将到来的考试所需做的准备。该策略将帮你和孩子在重要日期到来时做好准备。

·创建所有日常活动的时间表。与孩子一起讨论哪些策略有助于他完成日常目标。

·让孩子制作一份待办事项清单。包括他想做的所有事情，例如课外活动和爱好。帮助他考虑哪些待办事项是紧急的，哪些可以推迟。讨论哪些欲望可能需要推迟，等有时间再去完成。

· 不可避免地，孩子可能会错过老师在课堂上说的一些内容，或者错过那些忘了同步在老师网站上的作业。在这些情况下，如果孩子的成绩受到影响，你需要迅速采取行动。让孩子联系老师。看看孩子是否可以延期交作业，或者有没有可能做其他的学分作业以弥补缺失的功课。

学习任务量

到了高年级，阅读量、写作量和学习内容都明显增加。数量的增加通常与孩子处理任务能力的提高不成正比。通常来说，大家都认为孩子应该能够完成越来越多的任务，但这种假设并没有考虑到孩子基于语言的学习障碍。

· 与孩子坦率交谈增加的任务量。帮助孩子比较增加的任务量与一两年前对他的期望。

· 将工作分解成更小、更易于管理的部分。我们经常看到有 LBLD 的孩子的工作记忆能力下降，其实这意味着他们无法同时应对众多不同的信息。他们很有可能被某个任务压得喘不过气，并感到沮丧。你要积极关注孩子需要学习的内容，并考虑如何将其分解成块。

学习的复杂程度

复杂的功课可能意味着更抽象的概念或不熟悉的全新信息。进入高年级后，孩子将开始学习那些他几乎没有接触过的内容。与同龄人相比，这将使他处于非常劣势的地位。例如，如果孩子被要求写一篇关于最高法院重要性的文章，但他尚未了解美国政府三大结构，那就请你帮助孩子快速了解这三项，以及司法部门作为其中一个分支所发挥的作用。即使是简单了解一下背景信息，也足以帮助孩子处理作业的要求。

・鼓励孩子寻求老师的帮助。由于有 LBLD 的孩子会从一对一的互动中受益匪浅，因此建议孩子寻求老师的帮助，从而厘清具有挑战的内容。

・鼓励孩子要有耐心。帮助孩子了解，与同学相比，他需要更多的时间来学习某些东西，这是一种特点而非缺陷。孩子处理信息的速度可能比较慢，但这并不意味着信息最终不会到达它需要去的地方。帮助青少年了解他的学习过程，这可以让孩子对自己更有耐心。建议在每周惯例中增加学习时间，满足孩子对更多复习的需求。

・查找更多的学校资源。一些青少年不知道他们所在的学校提供了哪些补充资源，包括学习视频、在线支持服务和其他学习辅助工具。你可以查看孩子的学校是否提供这些资源，然后稍微引导孩子使用它们。

主动帮助孩子应对高年级作业中加快的节奏、增加的任务量和复杂程度，可以教给他一些基本技能，这些技能最终会让他们更加独立。

■ 积极的心态应对学习

对青少年来说，任何时候如果事情进展不顺利，他就会感到痛苦，并可能陷入消极思考的状态。如果这种情况发生在自己孩子身上，你很可能也会感到有压力和负面情绪。开始与正在应对青少年相关的重大挑战的家庭合作的时候，我会鼓励父母专注于进展顺利的事情，并将这些想法转化为积极的心态。这也将鼓励他们的孩子形成更积极的心态。

蒂姆的故事（续）

现在是仲夏，蒂姆应该开始上暑期学校，补习他没通过的西班牙语课程。蒂姆告诉他妈妈，他不想去暑期学校了。于是两人之间发生了激烈的争论。

此外，蒂姆刚刚被暑期打工的滑板店解雇。蒂姆喜欢玩滑板，对自己的第一份工作很兴奋。解雇对蒂姆来说是一个沉重的打击，于是他陷入了痛苦的状态。

如果你的孩子因生活中发生的事情而灰心丧气，你可以帮助他保持正确的态度，并找到方法来适应无法控制的事，从而培养更好的心态。我知道，这说起来容易做起来很难。你对自己很满意并非常乐观，孩子看到后，也将反过来促进他形成积极的心态。提醒自己和孩子，你们正在拼尽全力，这也正是你们所期望的。你和孩子在此过程中投入的辛勤工作是值得的，将会为孩子以及你们之间的亲子关系带来好处。

应对挑战

面对重大挑战和失望，要让自己有时间反思正在发生的事情，并考虑采取可能的策略来改善孩子和你自己的处境。永远记住，时间是一个伟大的治疗者，面对挑战时的耐心是你最好的资源之一。以下是有关如何应对困难情况的其他一些想法：

- 了解孩子的感受，并谈论你在自己的生活中感到失望的时刻。
- 通过交流你应对各种事情的能力来缓和紧张局面。
- 帮助孩子保持判断力，这种经历不会决定他的整个人生。
- 帮助孩子专注于他需要的帮助，而不是将他与同龄人或兄弟姐妹比较。

蒂姆的故事（续）

更糟糕的是，蒂姆也很难维持友谊。他曾经一直有好感的女孩最近与他疏远了。蒂姆试图和他平时的朋友们联系，但也没什么用。蒂姆很困惑，他与母亲的关系也很糟糕。蒂姆陷入了危机，他的母亲布伦达也是。

随着孩子进到初中和高中，他们所处的社会群体经常发生变化。他们的友谊变得更加复杂，并且涉及越来越多的成人问题。你最好扮演一个旁观者角色，当有人寻求建议时，随时准备提供。如果你担心孩子在此期间的表现，请花点儿时间观察他在以下方面是否有任何显著变化：

- 情绪
- 健康
- 个人装扮
- 体重增加或减轻
- 衣柜
- 每日时间表
- 社交模式
- 学校表现

如果你发现这些方面出现异常变化，最好考虑与孩子温和地谈一谈。以开放式的方式表达问题，保持谈话的尊重。例如，问一问："你最近怎么样？"如果这种尝试遇到阻力，你可能需要考虑咨询心理健康专家，在你担忧的问题上寻求具体指导。

蒂姆的故事（续）

我向布伦达建议让蒂姆与我会面。几天后，布伦达回电话解释说蒂姆拒绝过来。我建议她告诉蒂姆，与我会面只是为了开始制订计划，帮助蒂姆实现他读四年制大学的梦想。这个策略奏效了。

几天后，蒂姆来到了我的办公室。我遇到了一个高大瘦削的年轻人，棕色的直发披在肩上。蒂姆的姿势、举止，甚至握手的状态，都表明他心情非常低落。蒂姆告诉我，从事体育新闻工作一直是他的梦想。我的鼓励在蒂姆那儿吃了个闭门羹。"我永远无法成为一名体育记者，"蒂姆说，"我真的把自己的生活搞砸了。"

上四年制大学一直是蒂姆的目标，但这个目标开始变得难以实现。我问到即将到来的暑期西班牙语课时，他似乎彻底挫败了。蒂姆告诉我，他不打算上这门课了，因为他觉得上大学对他来说不现实。蒂姆继续告诉我，他的计划是从高中辍学，拿到普通高中同等学历证书。

蒂姆与我分享了他失去滑板店工作后感到多么失望。我了解到蒂姆一直在熬夜玩电子游戏，这让他很难在早上按时起床上班。显然，蒂姆的经常迟到让他的雇主无法忍受。在多次警告后，蒂姆被解雇了。

在蒂姆的情况变得更好之前，他需要对自己和自己的前景拥有信心。

提高青少年自信的关键

我们都知道，一名自信的领导者会给他周围的人灌输信心。你的自信将成为孩子的自信，你要以身作则，保持舒适

的状态。即使环境充满挑战,也要尽量保持积极的态度。以下是做到这一点的方法:

· 加倍强调你对孩子的乐观态度,并相信他是一个优秀、有价值的人。

· 给孩子讲具体的例子,说明他的价值。分享大家对他的赞美之词。

· 避免严厉的爱。孤注一掷的方法很少有积极的结果。

· 谨慎对待建设性的批评。记住,建设性的批评仍然是批评。一个LBLD青少年士气低落时,他已经受到了足够多的批评。

· 提醒孩子,学校并不是身份或认可的唯一来源。帮助孩子在校外发展他的爱好。在校外培养的技能也会使他在学校受益。

蒂姆的故事(续)

我开始为蒂姆提供大量帮助。首先,我们制订了一项策略让他重新回到滑板店工作。蒂姆和我给商店精心写了一封信,信里为他的迟到道歉,并解释了为什么会这样。这封信还详细说明了他打算如何改变生活方式并承担自己的工作职责。

几天后,蒂姆得到了商店的回复,表示只要他准时上班,他们就允许他继续工作。有了这种获得充足睡眠的新动力,蒂姆决定了他将允许自己玩多长时间的电子游戏,以及他要在几点睡觉。蒂姆惊讶地发现,经过几晚充足的睡眠,他感觉身体非常健康。在此之前,他不相信睡眠不足会影响他白天的工作能力。

随着蒂姆自尊的恢复，我们开始将注意力转向他体育记者的职业目标以及他可能采取的实现目标的道路。我们考量了一些蒂姆想上的大学的要求。蒂姆要想升学成功，得在高中完成两年的外语学习。有了上一所他喜欢的大学的新动力，蒂姆改变了想法，决定参加西班牙语暑期学校课程，最终获得了不错的成绩。

随着秋天的临近，我们发现蒂姆的学校提供了另一种英语课程，他可以提交体育博客的文章来获得学分。蒂姆开始意识到，如果继续接受帮助，他就有机会在高年级成为一名成功的学生。

六个策略为青少年提供学术援助

LBLD 青少年通常需要高水平的学业帮助。然而，即使在最好的情况下，即使在需要帮助的时候，青少年也很难接受帮助。这种困难源于他们观察到，他们的许多同龄人似乎非常独立地在学校和生活间游刃有余。作为 LBLD 孩子的父母，你可以考虑以下策略来规范孩子对帮助的需求：

・讨论寻求帮助的普遍性。向孩子保证，现在获得帮助不会使他在余生中依赖他人。

・教导他们寻求帮助的价值，教导他们如何毫无愧色地接受帮助。通过一起寻求帮助，展示获得帮助的价值。请辅导员或有关专家告诉孩子，寻求帮助并不丢人。

- 帮助孩子了解造成人与人之间不同的原因有很多，这些差异需要不同类型的帮助。
- 强调你的帮助是平等的合作。和孩子一起解决问题。
- 模拟你如何管理任务。想象一下，如果你是那个必须满足需求的人，你会怎么做？提供你的思考过程。
- 对孩子所面临的挑战表示共情。分享你对作业、课程负担或教学方法为何具有挑战性的看法。

蒂姆的故事（续）

在暑假剩下的时间里，蒂姆在工作中表现得更加成熟，他能够在学年期间继续兼职工作。这段经历让他有了责任感。此外，通过与客户的频繁互动，蒂姆培养了许多积极的社交技能。蒂姆还结交了一群新朋友，这进一步减少了他玩电子游戏的时间。

蒂姆开始对自己和学校更加积极。尽管需要通过504计划获得导师帮助和其他的一些帮助，但蒂姆还是顺利从高中毕业，并进入了一所社区大学。

成功完成社区大学的学业后，蒂姆可以转学到四年制大学，那里有大量的沟通课程。蒂姆目前即将完成大学学业，并在他生活的许多方面都取得了相当不错的表现。他仍然住在家里，但他和布伦达都在遵循一个计划，每学期逐步提升蒂姆的独立性。布伦达现在已经适应了蒂姆的状态，他们的关系也再次牢固起来。

结　语

从多方面为高年级孩子提供帮助

　　帮助孩子度过十一年级和十二年级需要面临重大的调整。青少年在此期间经历了许多发展变化，并开始将自己视为成年人。他们变得成熟，拥有了独立承担责任的能力，独立性更强。但重要的是不要忽视这样一个事实：尽管许多高年级的青少年能够高度独立，但 LBLD 青少年经常需要持续的帮助，才能应对学校和生活中日益增长的需求。除了在阅读和写作任务激增方面需要帮助，孩子可能也需要你在组织能力、时间管理和自我倡导方面的持续支持。为孩子提供他在高年级所需要的帮助，是让他顺利完成高中学业，并成功过渡到下一个人生阶段的绝佳方法之一。

第三部分

日常情境：调整心态，
提升生活技能

第十二章

如何应对校外生活

　　这本书的大部分内容是关于如何帮助孩子在学校尽可能学习的，但家长也会向我咨询，在各种日常情景下该如何向孩子提供帮助。有 LBLD 的孩子所经历的挑战以直接和间接的方式影响着他们在学校内外的表现。请记住，学校里有很多成年人可以帮助引领孩子度过每一天，但在校外，孩子几乎就完全依赖你的指导了。作为父母，你是帮助孩子应对复杂生活挑战的最好资源。

　　在本章，你可以学习各种策略来帮助孩子提高社交技能、管理焦虑心态、养成健康的生活方式、承担经济责任，以及学习如何充分利用暑假。虽然没有面面俱到，但列出的这些都是我在实践中遇到的常见问题。

■ 六方面提高孩子社交技能

大多数孩子在校外有频繁的社交机会，但有 LBLD 的孩子社交机会却较少。发展迟滞的语言能力和听力能力往往会阻碍交流沟通。随着孩子年龄的增长，他们更能意识到自己的不同，这将导致他们在社交活动中也会变得更加焦虑。玛莎·登克拉解释说，基于语言的学习障碍是一种社交缺陷[1]，此外，有 LBLD 的孩子更能体会到社交孤立感[2]。帮助孩子交朋友，有时候可以采用迂回的方式。

帮孩子掌握沟通技巧

在学校里，大多数孩子彼此熟悉，有着共同的经历，可以依赖现有的社会结构来促进人际交流。但在校外，这样的交流互动对一些有 LBLD 的孩子来说却是挑战。这类孩子经常难以解读社会线索或参与有效对话。

另外，很多孩子并不是总能判断出有 LBLD 的同伴何时遇到了交流困难，或何时跟不上讨论的话题，这让有 LBLD 的孩子感到自己受到忽视或感到困惑，或者做出了不适当的回应。

你可以帮助孩子培养他需要的社交和语言技能，让孩子能够通过不断模仿和练习对话，做到和同龄孩子有效地交流。

1　Denckla 2013.
2　Lavoie 2007.

所有这些都可以提高口语表达能力、听力理解能力、社交技能和学习能力。作为家长，你可能已经养成了良好的礼仪，可以不假思索地说出"请"和"谢谢"等词。你也可以进行良好的沟通练习。每天和孩子一起尝试以下策略，最终孩子将会变得更善于与他人交谈，善于与他人建立重要的联系。

创造对话的机会。电子产品、社交媒体和其他让人分心的东西，会让你面临很多竞争。和孩子交流的时候不要使用电子产品。吃饭时间和通勤时间是培养孩子沟通技能的最佳时机。可以通过散步、参与艺术和手工活动、玩棋类游戏、做家务和一起去商店，来增加你们有效交谈的次数。

不要强迫交流。如果孩子看起来不想说话，就不要强迫他。仅仅是待在一起，哪怕没有交谈（也不要用电子设备），也会让孩子知道你完全接受他。同样地，如果你在谈话中意识到他正临近挫败感阈值，那就改变策略，虽然这可能意味着要结束谈话。通常情况下，当孩子不适合交流的时候，强迫他们只会适得其反。

选择孩子感兴趣的话题。如果孩子没有主动分享你感兴趣的话题，就先不要说。你可以这样开头："你喜欢 _____（这部电影、上学等）的哪一点呢？"或者"给我讲讲你 _____（在学校、在院子里等）发生的趣事吧"。

让孩子引导对话。让你的孩子设定交谈的话题，这表明你对他说的话很感兴趣。一些有 LBLD 的孩子很少能引导对话。但孩子和你在一起时，就是他引导对话的机会。你要做一个倾听者。

用他的语言交流。说话时，要注意选择孩子能听懂的词语，用孩子能跟上的语速。有时，要放慢说话的速度，换用稍微不同的方式多次重申同一个观点，这些方法都很有帮助。观察孩子的面部表情，判断他是否明白了你想表达的意思。

给孩子"思考时间"。这样，孩子就不会有回应的压力，等孩子准备好了，他会平静地给出回答。

让孩子多说话。做到这点的一个办法是鼓励他的推论过程，哪怕你并不同意孩子的观点。如果不确定孩子想表达什么，你可以等一段时间，然后寻求帮助："让我理解理解你现在的感受和想法。"你也可以重述孩子说过的话，检查自己是否理解："所以，如果我没理解错的话，你计划鼓励人们多种果树来保护生态环境。这是你想表达的意思吗？"

给孩子正强化。孩子还不习惯被看作健谈的人。所以，请适时给予鼓励性的反馈，比如孩子分享自己观察到的事物时，你可以说："你说得很好。"另一种提供正强化的方法是其他人在的时候。在孩子能听到的范围内，告诉其他人（你的伙伴、朋友，或一名老师）你的孩子非常健谈。让那个人知道你的孩子在谈论什么，以及你有多么喜欢这个谈话。

充分利用教学时刻。经常练习与孩子沟通的另一个好处是，孩子回应不当时，你可以引导他做出更适当的反应，并强化积极的学习结果。如果你的孩子说："我讨厌班里所有的孩子。"你可以这样回答："班里有几个孩子是你的朋友，他们非常喜欢你。你确定你讨厌班里所有的孩子吗？"

■ 帮助孩子缓解社交焦虑

对有 LBLD 的孩子来说，在社交场合高度焦虑并不罕见。这种焦虑会导致社交退缩、反社会行为或破坏性行为。此外，社交焦虑还会抑制或限制孩子表达自己想法的能力。这些孩子可能会提出不合适的话题，说不必要的话，讲话很大声，或言语使用不当。

社交焦虑也可以表现为各种不恰当的身体行为，比如抓、推、挤和打闹。有时，这些行为可能强度力度相当大。虽然在一定程度上，抓和推是小孩子的习惯，但随着他们年龄的增长，这种行为可能看起来就非常不合适，尤其是在青少年时期。虽然许多青少年开始自然地转向更多的成人互动，但一些 LBLD 青少年可能没有完全意识到他们周围的社交规则是如何变化的。这种脱节可能会导致友谊变淡或社交孤立。

为了提高沟通和社交技能，请尝试以下策略：

定期观察孩子在社交中的活动。当你观察到有不恰当的言语交流时，要有策略地和孩子解决这一问题。不论哪种程度，都要尽量避免公开羞辱。

讨论你观察到的情况。选择合适的时间与孩子好好谈谈发生了什么。开始对话时，先赞美你的孩子很棒，他的朋友多么喜欢他。指出孩子所具有的优秀特点和品质。然后问对某个特定情况的感觉如何。在绝大多数情况下，孩子会意识到自己有点儿过火。

给出反馈。如果你的孩子很坦率地说出了自己的行为，请夸赞孩子的诚实。如果你的孩子没有意识到自己做错了什么，请温柔地向他指出，其他孩子在轮流说话，或者他玩闹得似乎有点儿过激，其他孩子却并不想这样。

孩子如何加入谈话

有 LBLD 的孩子通常很难确定什么是与其他孩子互动的最佳方式。孩子参与富有成效的社交互动的频率越高，他选择参与下一次社交互动的可能性就越大。

在加入之前，先教孩子观察社交互动。可以通过观看、讨论你周围或电视上的社交互动来练习这项技能。许多电视真人秀节目提供了机会，让我们能够观察各种各样的人，包括好人、坏人或长相丑陋的人，以及他们所拥有的各种各样的社会技能。与孩子分享你观察到的东西。讨论你所观察到的良好互动的优点，并针对如何改善糟糕的互动分享自己的想法。

让孩子想办法加入对话。给孩子分享能够加入对话的三步法：

1. 认真倾听谈话内容，直到你对谈话主题有了清楚的了解。
2. 思考一个相关想法并引入对话。
3. 等待谈话的间歇，然后介绍你的想法。

对倾听表示赞赏。如果孩子在群体中不愿意说话，也是可以的。提醒孩子，扮演一个体贴周到的倾听者角色是向别人表明你是个好伙伴的好方式。其他孩子会注意到你的孩子在倾听，因此也会认为他是对话的积极参与者。

帮助孩子加入团体

有组织的团体，如合唱团、文学社团、科学俱乐部和运动队，都是孩子发展社交技能的好地方。孩子很有可能从共同的兴趣开始发展出一段友谊。这里有一些策略，你可以用来帮助孩子成功地加入一个团体。

确定你的孩子想要加入这个团体。如果孩子对团体真正感兴趣，他会更有动力参与。花点儿时间在网上探索不同的团体，看看有没有什么能引起孩子的注意。你的孩子也可以参加几项青少年体育活动，或试试体验课，从而确定他想要加入哪个团体、班级或队伍。孩子甚至可以考虑组建自己的团体。

提前了解这一团体。在孩子参加第一次团体见面或练习之前，帮助他尽可能多地了解这个团体及其成员。你可以查看该团体的网站，观察会议、课堂或练习情况，并与组长和团体其他成员的家长交流。在参加第一次见面之前，与团体的组长联系，看看孩子是否能与已加入团体的成员见面。如果孩子很紧张，告诉他没关系，并提醒孩子需要一段时间来补上其他成员已经掌握的技能。你可以说："很多孩子已经加入这个团体很长时间了。你是新手，所以不期望你什么都懂，但总有一天你都会懂的。"

鼓励建立友谊。孩子加入一个团体后，鼓励他在团体外与其中一到两个成员见面，这样他可以加强团体内的友谊。你可以先与团体中的其他家长交谈，从而帮助促成友谊。但建立友谊实际上取决于你的孩子自身，取决于能让他感到最舒适的状态。有些孩子很容易因为父母的参与而感到尴尬，有的孩子则不介意。

为孩子启动社交活动

有 LBLD 的孩子经常能够在积极的社交活动中受益。以下是一些组织游戏聚会和集体出游的建议，以及在社交活动中与其他家长交流的建议。

成功组织游戏聚会、过夜和集体出游的小建议

就培养社交技能而言，每次互动的质量比互动的数量更重要。当你的孩子有机会做游戏、过夜或与朋友出去时，帮助他的最好方法是投入一点精力，确保互动尽可能顺利。

- 仔细安排游戏聚会。游戏时间可以很短，比如 1～2 个小时。在你知道的孩子可能会累或饿的时间，尽量不要安排游戏聚会。但对一些孩子来说，这意味着放学后的常见玩耍时间。把你知道的孩子可能需要的东西带上，比如如果你认为孩子会饿的话，就带上每个人都可以吃的零食，或者你知道孩子累得跑不动了，就带上每个人都可以做的手工活动。

- 不要强迫孩子参加他不喜欢的活动，不要强迫孩子去让

他感到不安的地方。把孩子带到你知道其他孩子会去的地方，比如冰激凌店、操场或公园，这很有吸引力。但如果你的孩子在这些地方已经倾向于社交退缩，他就会在这些环境中退缩得更厉害。

· 评估棋牌游戏的复杂性。棋牌游戏的复杂规则可能会给有 LBLD 的孩子带来挑战。在向朋友和兄弟姐妹介绍棋牌游戏前，确保你的孩子有机会按照他自己的节奏学习和练习游戏。尽量掌握孩子的社交圈中流行的游戏和活动，如果孩子有兴趣，就给他提供练习的机会。

· 等孩子提出要求再安排过夜留宿。孩子准备好在不同时间在朋友家留宿。这个活动非常具有吸引力，但你不能强迫孩子去做。如果孩子还没有做好准备但收到了外出留宿的邀请，你可以利用这个机会向孩子表明，你是他可靠的支持，并且不会向其他人透露孩子的不安。告诉孩子，你会向邀请方解释你第二天还有其他安排，并且孩子需要在某个时间点前回家才能得到足够的休息。

· 假装留宿。在你家或朋友家，孩子可以吃晚饭、穿上睡衣、看电影，然后在睡觉前被家长接回去。即使是年龄较大的孩子，如果他们还是觉得在外留宿不舒服，也可以使用这种方法。

· 帮助孩子在集体出游时获得安全感。你和孩子准备好集体出游后，投入点儿精力来训练后勤保障非常重要，比如当他迷路或出现紧急情况时该怎么办，他应该在哪里等车接送，以及应该多久与你联系一次。要确保弄清每个方向，并且要让孩子多练习如何到达你确定的接送地点。你可以帮助孩子在他的手机上设置提醒，提醒他什么时间应该与你联系。此外，要确保孩子知道你们打电话联系时他应该告知你哪些信息。

有 LBLD 的孩子在以上这些方面可能需要更多的帮助和锻炼，才能在与朋友外出时感到自在，以及有能力保证自己的安全。没关系，等孩子完全准备好了，你就会知道的；但如果你不确定，可以与孩子分享你的感觉，并鼓励他也分享自己的想法。

与其他家长沟通的小建议

大多数父母都会自然而然地被有相似教育方式的家庭吸引。这样与其他父母的沟通会更加容易，但在尝试为有 LBLD 的孩子构建积极的社交互动时，仍需记住以下几点：

· 第一次送孩子去朋友家之前，先问问对方父母的家规，以及他们希望孩子怎么称呼他们，和孩子一起提前学习并练习。

· 我们很难准确地预估一次游戏聚会应该持续多长时间才算成功。和同龄孩子相比，那些社交技能发展迟滞的孩子会更快地耗费掉自我控制能力。在你的孩子到达那一临界点之前，你可以通过结束游戏聚会来提供帮助。关于游戏聚会应该持续多久，请相信你的直觉，你可以中途与主人家联系。你可能需要早点儿去接孩子，或者孩子也可能会比你最初想象的玩得更久。

· 向主人家承诺在游戏期间有任何需要都可以联系你，这样主人家也会从中受益。在需要你的事情上及时提供支持，保持灵活。

与青年团体组长和教练沟通的小建议

像孩子的学校老师、团体组长和运动教练等人，都能给孩子提供指导。与这些成年人交流时，要像对待孩子的老师一样尊重他们。

- 孩子第一次加入某个团体时，你可以请求与负责该团体的成年人简短会面 10 ~ 15 分钟。
- 在第一次的会面中，要让组长或教练知道你的孩子有 LBLD，并解释孩子面临的这些挑战会影响他参与活动或遵循指令的能力。
- 简要介绍孩子的学习特点，以及在什么情况下他的学习效果最好。
- 确保这些成年人知道，关于孩子的事情他们可以随时联系你。
- 如果活动的要求超出了孩子的能力范围，请确定是否可以调整活动或教学风格，使其更好地适合孩子需求。可以再次与孩子的组长或教练会面。如果无法轻易调整，可以选择与孩子能力更匹配的类似团体或联盟。
- 请记住，课外活动应该成为孩子快乐的来源。如果活动没意思，就重新考虑要不要让孩子参加。

如何运用社交媒体和科技产品

作为父母，你可以决定孩子多大才能拥有和使用各种科技产品。引领有 LBLD 的孩子进入科技领域需要付出更多的关注和帮助，因为阅读能力、写作能力和注意力的迟滞发展会影响孩子使用科技产品的能力。

首先，制订家庭规则，明确孩子可以在何时使用以及如何使用科技产品。然后设置一种方法来监管孩子在所有设备上的使用情况。一个家庭要一起努力，确定实现这一目标的最佳方式。在界限问题上要结合孩子的意见，这是种很好的合作方式，孩子通常对什么是公平合理有很好的见解。

接下来，询问孩子使用社交媒体的目标是什么。是为了与特定的朋友联系和沟通吗？为了参加一个大团体？还是为了随时了解当前潮流？然后讨论他选择的方法是否能达到这些目标。请记住，孩子们很容易跟风同龄人，而不考虑自己行为的后果。如果孩子基于语言的学习障碍让他变得更容易冲动，你需要帮助孩子认真思考他使用的技术设备，尤其是当孩子在社交媒体和其他平台上交流的时候。

和孩子谈谈他正在使用的技术的优点和危险。哪些是你的孩子已经知道的？哪些是你的孩子还没有意识到的？一定要讨论网络霸凌。以当前事件为例，谈谈帖子和评论是如何影响他人的。要鼓励你的孩子分享他看到评论后的感受，培养孩子对网络霸凌的认识。与孩子讨论发表不当帖子带来的后果，比如被大学拒绝。讨论违法帖子的类型。不要认为你的孩子已经从学校或朋友那里了解了这些信息。

■ 培养孩子焦虑和压力的管理能力

轻微的压力是有益的，它能帮助我们保持专注，记住我们学到的重要东西。但缺点在于，我们感到有压力时，身体会分泌一种叫皮质醇的激素。皮质醇水平长期升高，不仅对大脑有害，对身体也有害。大脑中负责学习和记忆的区域，如前额叶皮质和大脑海马，受到的影响尤其大。

为了赶上学校进度，有 LBLD 的孩子在学习上承受着很大的压力。作为父母，你可以使用这些策略来帮助孩子应对压力：

· 确定你的孩子何时经历压力。他可能会变得脾气暴躁、性格孤僻，容易分心或焦虑。破坏性行为也是有压力的表现。

· 采取纠正措施。帮助孩子停下他正在做的事情，参与其他压力较小的活动。

· 鼓励剧烈运动。运动是消散皮质醇积累的极佳方式。如果你的孩子长期承受高压，在做作业的时候就要经常休息。短时间内可以尝试的简单运动有跳绳、仰卧起坐、俯卧撑、瑜伽姿势（如平板式或下犬式）、篮球（罚球练习）和接球（棒球、飞盘、长曲棍球等）。

· 聊天。有时，只要让孩子参与交流有趣的话题就可以显著减轻他的压力。

· 引导孩子（使用应用程序或在线资源）短暂地冥想或正

念练习。给孩子找一个安静舒适的地方，让孩子坐到舒服的位置上，闭上眼睛，缓慢地深呼吸几次。告诉自己和孩子以下步骤：主动丢掉多余的想法，清空大脑。想象一些让人平静的东西，比如一片树叶轻轻飘向地面。尽可能长时间地保持平静，只专注于缓慢的深呼吸和平静的想法。一开始，用这种方式冥想大约能持续60秒。但随着时间的推移，冥想的时间会越来越长。如果这种保持不动的方式会让孩子变得更加烦躁，那就赶紧换另一种策略。这些尝试会给孩子带来更多压力的话，反而没有任何好处。

· 花几分钟时间做件有趣的事情。玩几轮棋牌游戏或猜谜游戏。花几分钟抬头看看云，或者和家里的宠物玩耍。

· 做点儿什么来帮助别人，或者修理坏了的东西。任务看起来很艰巨时，给别人提供帮助可以增强信心。

■ 养成健康的生活方式

孩子往往都很健康且精力充沛，所以他们很容易认识不到充足休息、健康饮食和经常锻炼的重要性。然而，大脑发育良好需要这三者的健康平衡。让我们来看看，为了帮助孩子养成健康习惯，我在不同的孩子身上使用过的策略。

休 息

没有什么比睡眠对大脑的健康和功能更重要了。事实上，许多与压力相关的问题都可以通过健康的睡眠习惯来缓解[1]。此外，注意保持充足睡眠的学生成绩也会更好[2]。我们知道疲劳会显著抑制学习能力，但年轻人很少对这类知识上心。

我发现很有必要告诉学生，他们的脑只占身体质量的约3%，但消耗了大约25%的能量摄入。换句话说，他们的大脑一直都在努力工作！我告诉他们，睡觉的时候，我们的大脑会休息，并处理白天所学知识。我还解释说，睡觉的时候，我们的大脑可以释放累积的有害化学物质和副产品。如果没有睡眠，我们的大脑就无法释放这些有害物质。

帮助你的孩子在白天尽可能多地锻炼。帮助他完成尽可能多的必要任务（如家庭作业、家务、其他任务），这样在睡觉时，就不会有事情困扰他。

每天按时帮助孩子入睡和起床。即使是在周末，也尽量遵守时间表。睡前大约一个小时，把房间整理好。尽可能多地关闭灯光和电子设备。大多数人在凉爽黑暗、有风扇或白噪音发生器发出的少量白噪音的房间里睡得最好。你可以在孩子的房间里试试。

营　养

如今，学校都慢慢有了菜园，"从农场到餐桌"运动逐渐推广，很多厨师成为名流，教孩子如何获得良好的营养变得

---

[1] Fuligni and Hardway 2006.
[2] Hershner and Chervin 2014.

容易多了。烹饪正迅速成为许多年轻人的职业选择。你可以利用这一新潮流，和孩子一起看烹饪节目、一起做饭。和孩子一起找一些关于烹饪和营养的有趣视频来看。你们也可以一起在网上研究健康食谱，鼓励孩子收集他自己的食谱。

帮助孩子理解健康饮食的根本原因。让孩子制订一个一周菜单，然后带着孩子购买所需的食材，在烹饪食物时鼓励孩子帮忙。

最后，你可以帮助孩子参加网上或线下的烹饪兴趣小组。

锻　炼

体育活动除了能促进生长和发育，还会促进学习、提高记忆[1]。此外，众所周知，体育活动可以帮助预防许多类型的疾病，以及青少年面临的一些常见精神问题，如抑郁和焦虑[2]。

和孩子一起找一些有趣的视频，了解运动的好处。帮助孩子理解运动有益身心的根本原因。让孩子制订一个每周锻炼计划，并鼓励他邀请朋友来一起锻炼。

帮助孩子坚持他制订的计划表。孩子待在家里玩电子游戏的时候，引导他到你们制订的锻炼计划上；告诉你的孩子，他正在做的事情有多么厉害。帮助孩子记住运动完的感觉有多好。为了激励他锻炼，你还可以带孩子去新的地方，比如室内岩壁或溜冰场。

1　Neighmond 2006.

2　Hershner and Chervin 2014.

■ 适时与孩子聊聊理财

有 LBLD 的孩子在计算、排序和注意细节方面经常遇到困难。这些特点决定了让孩子尽早了解财务责任尤为重要。正如本书中提供的几乎所有策略，教孩子承担财务责任也需要你额外提供模板和帮助。

当你觉得孩子准备好了，就留出时间和他谈谈理财的重要性。市面上有适合各种年龄段和阅读水平的理财书籍。一起阅读其中一本书，然后开始谈话，聊聊孩子对他自己赚的钱想如何花或如何存。可以鼓励孩子为特殊项目存钱，或慈善捐款，父母可以通过这种方式开始财务方面的教学。当孩子还住在家里的时候，你可以开一个银行账户，这样你们就可以一起管理他的账户，讨论他的支出和储蓄是否有助于实现目标。在这种逐渐挣钱和存钱的过程中，孩子能够学会做计划并变得有耐心。

随着孩子慢慢成熟，你可以和他一起制定预算来管理个人开支。请帮助孩子了解，需要采取哪些步骤才能让消费保持在预算范围内。新的理财项目和应用程序层出不穷。你可以测评一些适合孩子需求的产品，并将其下载安装在适当的设备上。

年轻人还需要学习如何负责任地使用信用卡和借记卡。此外，虽然现在大多数账户结算都是在网上完成的，但对有 LBLD 的孩子来说，在纸上完成这些任务可能是学习基本技能更有效的方法。

■ 利用暑假让孩子实现全面提升

在暑假里，你有机会让孩子参与到他喜欢做并且擅长的事情中——让孩子去体验优秀的感觉，而不是苦苦挣扎。我坚信，成功的经历比孩子在学校里做的所有功课都更能促进大脑的发展。孩子确实需要这段时间来减压。我认为应该优先考虑非结构化的活动，因为我坚信要保持平衡。

学校管理严格，完成家庭作业又是如此重要，这让孩子（或父母）每天没有多少时间可以休息。非结构化活动是指那些允许孩子探索，允许他们选择做什么、选择与谁共度时光的活动。这些活动可以很简单，比如在家看电影、课间玩耍，或者在附近散步。如果你的孩子喜欢体育活动，那就去公园和娱乐中心。如果你的孩子喜欢艺术，就在手边放一卷手工纸，让孩子尽情地画画，不用设定特定的目标。

请记住，夏天对你来说也是一个假期。孩子能够选择有趣的活动，你也可以像他们一样选择一些活动，帮助你提神和充电。

对未成年人来说，他们可能很难得到做暑期工和志愿者的机会。孩子可能要在你的帮助下研究可能的岗位。一旦有机会，请帮助你的孩子申请岗位。孩子可能还需要你帮助填写表格和起草简历。要确保用孩子的话回答问题，并准确反映孩子的能力。

如何在暑假加强学习

有时，只要孩子积极回应，留出时间学习也是有帮助的。然而，强迫孩子做一些事情会给孩子带来高度压力，也会因此破坏你与他的关系，这种情况可能弊大于利。如果你家孩子的情况属于这种，那就等到学校复课前几周再开始学习。

在开始之前，你会想得到孩子的认可。所有的孩子都喜欢在课堂上获得成功的感觉。如果孩子明白暑期学习可以帮助他在学校的前几周获得成功，他会备感激励，然后与你一起学习。

人们往往想要复习上学期的学校课程，尤其是孩子在学习上吃力的时候。尽管这种方法有其合理性，但不如预习下一学期的教材有效——这是帮助孩子为成功的学年做好准备的一个好方式。因此，在暑假开始之前，与学校领导会面，看看孩子秋季学期的课本和其他资料是否可以提前提供。如果可能的话，与孩子未来的老师见面，了解在开学的头两个月会教什么内容。

根据孩子的意见制订学习计划，确定你们合作的日期和时间。一般来说，一周三到四天就足够了。（如果你想安排更多的时间，可以考虑整个夏天每周一起学习两三天。）为每次学习设立一个可管理的时间表和流程。一个常见策略是每高一个年级就多安排大约 10 分钟的教学。如果你的孩子即将上一年级，每次辅导 10 分钟就足够了。如果你的孩子即将上二年级，20 分钟就足够了，以此类推。

在教学前，表达自己对孩子将要学习的内容的好奇。你的好奇心会激发孩子的好奇心。若孩子在新学年开始之前就对课程内容有所了解，他更有可能听懂课堂讲课，完成好课下作业，并在学校取得成功。

这里提供的策略只有在你能够冷静实施的情况下才会起作用。我知道，这是一项艰巨的任务。但我也知道，如果孩子状态失调，我们对待孩子的方式也不恰当，将会使问题升级，解决问题需要花费的时间也会更久。如果我们平静地回应孩子，等待他们听到我们的信息并加以应用，解决方案就会出现。南希的儿子亚历克与 LBLD 做斗争的故事就是实践这一方法的很好的例子。

亚历克的故事

时值夏末，新学年很快就要开始了。南希计划和儿子亚历克一起完成几项暑期阅读和写作作业。她决定今天开始做作业。亚历克是一名愉快活泼的八年级学生，但在这个温暖的夏日午后，做作业对他并没有吸引力。

亚历克有其他的计划。他打算跳上自行车，骑到朋友家玩电子游戏。母亲和儿子之间发生了激烈的争论，双方都不愿让步，陷入了僵局。

然后南希想到一个主意。她走进厨房，喊道："噢，该死！为什么这扇窗户打不开？亚历克，你能帮我看看这扇窗户有什么毛病吗？"

"不能。"亚历克回答。他闷闷不乐,新学年一天天临近。

南希的大脑飞快运转。"这里太热了,我真希望能呼吸点儿新鲜空气。"然后她等待着。

她的耐心得到了回应。南希从另一个房间听到亚历克喃喃自语:"我知道问题出在哪里。"

"你知道吗?"南希轻声问。

亚历克知道他们的窗户最近刚刷过漆。他抓起一把螺丝刀,冲出门去。过了一会儿,他终于把窗户推开了。

"哇!亚历克,非常感谢!你怎么知道该怎么做?"南希问道。

"我看着他们刷漆,看到有油漆滴下来,我就知道会卡住。"亚历克回答,"你还想让我修其他窗户吗?"

"那太好了!非常感谢你的帮助。"南希说。

半小时后,亚历克做完家务回来了,脸上充满了自豪。南希一看就知道这是件好事。"亚历克,你真是个好帮手。我敢说,要是有更多的工具,你可以修理好很多其他东西。我们开车去五金店,带你去挑选一些工具,你觉得怎么样?"

"妈妈,真的吗?!"听到这个提议,亚历克非常兴奋。他感觉自己能做的事情受到了赞赏,他也喜欢自己的能力得到认可。

亚历克和南希度过了一个愉快的下午。在一次成功的五金店之旅后,他们停下来吃了汉堡和薯条。整个下午,亚历克都在谈论他要修理家里的许多东西。

开车回家的路上,南希温和地说:"我敢打赌,如果我们一起学习，我们可以很快完成你的很多暑期作业。我们快速看一下，然后决定是不是要这样做，你觉得怎么样？"

亚历克没有说话。南希继续说："如果我们觉得太多了，那就不做了，我也不会介意。你觉得呢？"

"好的，妈妈。"亚历克说。

他们回到家后，南希找到了让亚历克参与进来的方法。不到一个小时，他们就完成了很多阅读和写作任务，亚历克和南希都感觉很棒。

虽然南希提出的暑期作业计划遭到了反对，但她能够把亚历克引向一个她知道会带来积极结果的活动。她的计划成功了，尽管有点儿刻意、有点儿戏剧性、被孩子看穿了，但仍然可以奏效。在儿童和青少年心中有一条不成文的规则：如果大人的意图是好的，那么可以接受他们使用一定程度的计谋。在具有挑战性的水域航行时，永远不要低估这条规则！

南希仔细地听着亚历克拒绝的语气，知道他情绪低落。南希利用她观察到的东西配合亚历克，这为她后来的决策提供了依据。她知道，让他做一些擅长的事情可以让他摆脱坏情绪，并最终做好学习的准备。最终，他成功地修好了窗户，并为自己感到骄傲。他完成了任务，这会给人带来很好的感觉，对有 LBLD 的孩子来说更是如此，因为他们平时在很多事情上都会出错。

南希知道要在成功的基础上再接再厉。她提出带亚历克去五金店买些工具，这样他就可以修理家里的其他东西。这并非计划好的，而是由事情的发展过程推动的。这一过程得到了回报。这与有条件的奖励非常不同，有条件的奖励有很强的目的性。南希给予的奖励是："哇，这个方向很好。让我们继续努力！"

与孩子有积极的经历可以加强彼此之间的关系。亚历克的心态变得积极起来，享受与母亲在一起的乐趣，减少了对暑期作业的抵触。于是，南希和亚历克能够一起完成作业。

如果匆匆度过了那些好时光，你可能会失去一些刚刚获得的东西。一切进展顺利的话，记住这一时刻，坚持下去。这样你会得到最大的收获。

结　语

帮助孩子提高技能

对有 LBLD 的孩子来说，他们在学校经历的许多挑战也会在学校之外感受到。作为父母，你可以创造机会来平衡孩子的时间表，让他体验到最佳的结构化和非结构化时间。你可以帮助培养孩子的社交能力，还可以通过组织活动提高孩子的体验感，减轻孩子的焦虑。此外，你可以帮助孩子提高学习技能，帮助他顺利过渡到下一学年。

通过系统地实施本章建议的策略，你的孩子可以学到一些技能，这些技能会帮助他们在学校内外取得更大的成功。在下一章中，我将讨论本章提到的许多策略是如何调整和改良的，它们将帮助年轻人在步入成年后取得成功。

第十三章

培养青少年独立性 [1]

青少年成长为成年人的过程中面临着复杂的挑战，我们通常希望他们能够自己解决这些问题。但是，即使是优秀的青少年也可能在履行责任、处理人际关系、做出良好判断，以及规划幸福的未来方面存在困难。有 LBLD 的青少年在这些方面经历的困难往往更多。

在第一章中，我们讨论了马太效应，即擅长阅读的人的阅读能力提高得更快，因为他们阅读的书更多。这种效应也存在于生活技能的发展中。因为 LBLD 青少年很少自己处理事情，他们不太可能像我们期望的那样自给自足。这些缺失意味着他们可能在长大之后才能做好准备，提高生活技能。

这种迟滞可能会引起不适。社区期望你的孩子更加独立，

---

[1] 本章与克丽丝特尔·I. 李（Crystal I. Lee）共同撰写。

社会也会因为这种迟滞指责父母或青少年，这可能会让你倍感压力。然而，我们社会上的大部分人都忽视了这样一个事实，即 LBLD 青少年正在经历不断升级的生活挑战，与此同时，其他人却在告知他们不应该寻求或接受高水平的帮助。

我们如何提高青少年和刚成年的年轻人的独立性？这不是一门精确的科学。事实上，实现高度独立所必需的前额叶皮质，往往要到二十八九岁甚至更大的时候才能发育完全。研究成年人早期的权威专家杰弗里·简森·阿内特（Jeffrey Jensen Arnett）认为，青少年不是直接过渡到成年的，而是进入了一个新的发育阶段，他称之为"成年初显期"[1]。这一发展时期横跨 18 岁至 29 岁。阿内特提出的角色范式认为向成年的过渡通常是缓慢而复杂的。在这段时间里，初入社会的成年人面临着巨大的社会压力，他们需要确立自己的身份，建立成人之间的关系，寻找令人满意的职业道路。这对任何刚刚成年的人来说都十分艰巨，对一个有 LBLD 的人来说更是如此。如果一个刚刚成年的年轻人缺乏适当的帮助，经常遇到困难，就会形成负反馈循环，使糟糕的情况变得更糟。为了防止这种情况的发生，我们建议要持续提供高水平的帮助。

■ 高中毕业如何选择学校和专业

刚刚成年的年轻人想在社会上游刃有余，成功地竞聘工

---

[1] Arnett 2014.

作，他们必须有足够的时间提高自身的书面语言和执行能力。我们认为，对一些学生来说，完成这一目标的最佳方式就是在高中毕业后继续接受正规教育。

高等教育的校园有其自身组织结构，且包含多种形式的支持和帮助。在这种环境中，刚刚成年的年轻人，尤其是有LBLD的成年人，可以在逐渐成熟的过程中继续锻炼自己、提高能力。除了培养学业上的能力和执行能力，高等教育还让刚刚成年的年轻人有机会处理各种办公事务，如完成申请、支付费用、获得住宿和报名上课等。

如何找到适合自己的大学

高中毕业后的教育方向有很多选择，我们建议你仔细考虑孩子自身的优点和实际需要。除了四年制大学，你可以认真调查各种可选项，例如职业课程、社区大学和为有学习差异的学生设计的课程。你可以进一步扩大搜索范围，包括在线课程、兼读课程和个性化指导。

请注意，不要把孩子置于超出他能力范围的情境中，或者不能提供他成功所需的支持的情境中。虽然高期望表明你相信自己的孩子，但如果没有适当的帮助，这种情况可能会把孩子引向失败而非成功。当高期望与孩子的目标和能力相一致，并且能够获得所需的帮助时，高期望是有益的。

许多刚步入社会的成年人在高等教育项目中，与导师和教练一起合作，接受在线或兼读课程，并从中获益。如果你想要更多的帮助来为孩子选择最佳道路，有与LBLD青少年相关工作经验的大学辅导员可以提供很多帮助。

与孩子一起研究上哪所大学，以下因素需要考虑在内：
- 大学相对于家的位置
- 校园的实际面积
- 学生人数
- 班级平均规模
- 能否接触到教授和助教
- 开设专业
- 特殊教育理念
- 校园安全
- 校园社交生活
- 学术支持和住宿条件
- 社会和情感支持服务的水平
- 就业服务水平
- 实习机会

大学中的新学业、社交和情感需求

对LBLD青少年来说，向大学或任何高等教育课程的过渡往往让他们不知所措，产生许多新的学业、社交和情感需求。高中的时候，孩子拥有来自家长、学校工作人员和临床医生的帮助。然而，在大学和其他课程中，这种帮助会突然减少，甚至消失。如果没有适当的帮助，许多刚刚成年的年轻人可能会困难重重。

为孩子制订升学计划

团队一起规划和过渡，可以帮助孩子在高中毕业后顺利进入到新生活。团队成员应包括你、你的孩子、学校工作人员、心理学家、生活技能教练，以及帮助孩子在高中取得成功的所有成年人。在你或指定负责人的指导下，请团队成员讨论孩子在生活各个方面的优点和需要。然后合作制订一个全面且个性化的过渡计划。

过渡计划应考虑到需要帮助的每个领域，然后确定提供帮助的具体办法。一般来说，刚刚成年的年轻人的执行能力、学习能力、人际交往能力，以及包括健康和幸福等方面的生活能力都要考虑在内。至关重要的是，团队所有成员都要就提供何种帮助，以及提供帮助的方式达成一致意见。一些刚刚成年的年轻人可能需要高水平的学业支持和日常指导才能取得成功，其他人可能只需要一两个方面的帮助就可以。

团队支持可以在下列领域发挥作用：
- 确定合适的生活和饮食安排
- 保持健康的生活习惯
- 确定日常规律
- 建立有意义的社交关系
- 平衡学业和社交生活

- 处理学业和人际关系压力
- 应对互相矛盾的责任，做好时间管理
- 培养有效的学习技能
- 学习自我表达
- 遇到困难时解决问题
- 确定帮助和咨询的来源

帮助孩子获得学习经验，培养适应力

无论你和你的团队为应对孩子将遇到的挑战做了多么细致的计划，他都不可避免地会经历一些挫折。重要的是不要把这些挫折视为弱点。在危机面前，刚刚成年的年轻人的自信心都很脆弱。最好的回应是帮助他处理这种情况，并向他解释为什么会发生这种情况。如果你和过渡团队一起合作，团队的所有人都可以参与到这一过程中来，让孩子恢复平静，并相信以你们集体的能力能够解决问题。这种方法可以帮助孩子获得学习经验，培养适应力。过渡计划包括预估孩子需要帮助的领域以及努力克服挫折，通过这些方法，你能帮助孩子更加顺利地过渡到大学和成年。

■ 大学的替代方案

高中一毕业就直接进入大学并不是每个人的最佳选择。一些初出茅庐的成年人在大学环境之外探索自己的兴趣、发展自己的技能，并从中受益。以下是一些有意义的选择方案，值得考虑。

继续高中教育

只要你的孩子有个别化教育计划的证明,并且没有获得高中文凭,他就有权接受公共教育直到 21 岁。一些学区还为选择留在学校的学生提供职业培训。

另一个选择是在寄宿学校读第五年高中。如果你和孩子有兴趣一起走这条路,一定要仔细研究一下,各个寄宿学校千差万别,而且经常变动。求助这方面的专家可能是一个好主意。

间隔一年再读大学

间隔年(gap year)的一个好处是它能用几个月的时间让孩子更加成熟。它也给了刚刚成年的年轻人一个探索自身兴趣或热情的机会。一些学生参加了正式的间隔年项目,包括旅行、修习和社区活动。这些项目可能非常昂贵,但通常包含食宿、旅行费用和学费。其他的间隔年选项还有带薪和无薪的实习、工作和志愿服务。在间隔年期间,你的孩子可以住在家里,也可以自己住。

■ 从事兼职或全职工作

如果事先仔细计划,高中毕业后从事兼职或全职工作可能会很有成效。在美国,高中毕业生可以找到很多工作,比如工匠、厨师、技术员、售货员、营销员和计算机程序员，这些工作可以带来高收入，并且让人富有成就感。

你可以想办法让孩子在高中期间寻找工作机会，尤其是在夏季的几个月，从而帮助孩子在高中毕业后过渡到全职工作。在某些情况下，特别是如果你的孩子有严重的 LBLD，你可能需要为他提供高水平的帮助，包括寻找机会、完成申请、与潜在雇主沟通以获得住宿等。越来越多的雇主渴望他们的员工更加多样化，也想聘用那些需要通过工作获得技能的小年轻。

地方组织、州组织和联邦组织可以帮助孩子顺利进入到工作岗位。这些组织有职业教练、导师和支持人员，可以帮助刚刚成年的年轻人发现工作机会，在申请过程中提供引导，并帮助他们在工作中获得成功。注意在接受任何机构的服务之前都要先仔细审查。

■ 如何判断孩子是否适合独立生活

由于各种各样的原因（经济或其他方面），近几十年来，与父母同住的成年人数量有所增加。父母和孩子之间要先健康、建设性地交流才能决定孩子是否要搬出去住。重要的是要弄清楚，这是你的决定还是孩子的决定。如果是你的决定，请仔细考虑你的动机。你是单纯地想要分开，还是觉得这对孩子最终实现独立至关重要？如果这是孩子的决定，请考虑独立生活是会带来健康的生活质量，还是会损害孩子的健康和安全。

在决定让孩子离开家独立生活或判断半独立生活是否有益时，有五个关键因素需要考虑：

- 在经济上可行吗？
- 孩子是否已具备了自我管理的所有必要技能？
- 孩子想要搬去的地方是否安全且无消极影响？
- 你不在的时候，孩子是否有安全感？
- 如果独立生活不顺利，你愿意让孩子搬回家住吗？

五个问题都回答"是"的情况很少，但这并不意味着你的孩子就不能独立生活。当孩子要独立生活的时候，你可以考虑与专业人士合作，他们可以帮助你和孩子评估他的执行能力、人际交往能力、生活技能和职业能力，确定孩子是否准备好了独立生活。正如我们之前讨论的那样，制订一套离开家庭生活以及应对遇到的各种挫折的计划是孩子成功独立生活的关键。

结　语

在孩子进入社会时提供支持

在高中的最后几年，你和你的孩子将会意识到，他生活的所有领域都在发生重要的变化。随这些变化而来的是需求的增加，其中许多需求超出了刚成年但有 LBLD 的年轻人的能力范围。我们的社会鼓励年轻人独立面对挑战，但有 LBLD 的年轻人通常需要额外的帮助。

在孩子长大成人的过程中，你需要提供持续的支持，确保孩子的健康和幸福。如果你发现自己需要帮助才能更好地支持孩子，可以组建一个团队来帮助你和孩子。在合作过程中，这个团队可以预见挑战、提供帮助，共同克服挫折。

与孩子密切合作，在他高中毕业后的过渡阶段里，正常为孩子提供帮助。实现独立可能需要比你或孩子预期的时间更久，花费的努力也更多，但最终都会成功的。采用支持性、协作性的方法，接受成长心态的变化和现实的进度，将帮助孩子顺利度过这个阶段。要继续相信自己的内心和直觉，同时为孩子提供所需的支持，这种方式更为友善。

致　谢

本书是我从事教育工作 30 年的结晶。首先要感谢我的学生们，我从他们身上学到了最重要的东西。这些学生和他们的父母激励我深入思考，思考我们可以做些什么，才能让学习给每个人——每个学生、家长和老师——都带来积极的体验。

多年来，我有幸与一些最优秀的临床医生合作。他们中肯的建议让我能够在实践中更好地为学生和家庭服务，并帮我形成了我在本书中分享的许多策略。

非常感谢我经常引用的许多作者和研究人员的杰出工作和见解。下面提到的这些领域并不能反映他们工作的全部范围，也不能完全反映他们对我产生的影响。对于可能出现的任何重大疏漏，我在此深表歉意。

在阅读和阅读障碍方面，我借鉴了玛丽·贝丝·柯蒂斯、斯坦尼斯拉斯·迪昂、苏珊·霍尔、路易莎·莫茨、霍利斯·斯卡伯勒、本内特·施维茨、萨莉·施威茨、琳达·西格尔、玛格丽特·斯诺林、约瑟夫·托格森和玛丽安娜·沃尔夫的研究成果。

在ADHD和执行功能方面，我借鉴了拉塞尔·巴克利、托马斯·布朗、乔伊斯·库珀-卡恩、劳里·迪策尔、爱德华·哈洛韦尔、斯蒂芬·欣肖、马丁·库切尔、乔治·麦克洛斯基、林恩·梅尔策、约翰·瑞迪、理查德·舍夫勒和拉里·西尔弗的研究成果。

在动机、心态和教学实践方面，我借鉴了西恩·贝洛克、罗伯特·布鲁克斯、卡罗尔·德韦克、理查德·拉瓦、罗伯特·皮安塔、丹尼尔·平克和朱迪·威利斯的研究成果。

在学习和发展方面，我借鉴了戴维·科尔、玛莎·登克拉、唐纳德·德什勒、杰克·弗莱彻、史蒂文·福尼斯、罗纳德·加利莫尔、霍华德·加德纳、简·霍姆斯·伯恩斯坦、史蒂夫·乔尔登斯、珍妮特·诺登、莫尼莎·帕苏帕蒂、乔纳森·穆尼、芭芭拉·奥克利、芭芭拉·普罗布斯特、戴维·罗斯、罗伯特·萨波尔斯基、罗兰·撒普和底波拉·瓦贝尔的研究成果。

在育儿方面，我借鉴了桑德拉·阿莫特、波·布朗森、蒂娜·佩恩·布赖森、琼·德克莱尔、萨姆·戈尔茨坦、约翰·戈特曼、玛丽·哈策尔、阿什莉·梅里曼、加博尔·马泰、朱迪丝·沃纳和萨姆·王的研究成果。

在人际神经生物学领域，我借鉴了乔纳森·贝兰、莱斯莉·布拉泽斯、库尔特·费希尔、戴安娜·福沙、丹尼尔·休斯、玛丽·海伦·伊莫尔迪诺-扬、康妮·利拉斯、柯克·奥尔森、约瑟夫·帕伦博、斯蒂芬·波格斯、阿兰·斯霍勒、丹尼尔·西格尔、玛丽昂·所罗门、爱德华·特罗尼克和詹妮耶斯·特恩布尔的研究成果。

特别感谢我亲爱的朋友路易斯·科佐林诺，感谢他在人际神经生物学领域的杰出工作，也感谢他对本书写作的支持。

许多过去的伟人也塑造了我的思想，并反映在本书中，包括列夫·维果茨基，以及我在哈佛阅读实验室教书时的导师珍妮·查尔。

我想感谢马萨诸塞州贝弗利地标学校（Landmark School）的每一个人。作为一名学生和一名老师，我很幸运能够成为这个优秀集体的一分子。

还要感谢教育治疗师协会的创始人多萝西·昂格莱德对我的指导。在多萝西的鼓励下，我开始了教育治疗实践，并最终创立了我的教育服务公司。

在帮助我把想法写下来的过程中，我的同事杰茜·威纳和蕾切尔·费希尔起到了很大作用。杰茜不辞辛苦阅读我的作品并给我反馈和建议。对学龄儿童的教育和如何表达自己的观点，蕾切尔提出了睿智的建议。我每次都向杰茜和蕾切尔寻求建议。没有她们就不会有这本书。

感谢我优秀的同事丽贝卡·伯勒、埃里克·布马泰、弗兰克·弗里曼、埃伦·霍夫曼、莉娜·刘、多米妮克·马里内洛、莫日代·马萨奇、凯特琳·麦克劳克林、约翰·波萨特科、克里·西尔斯-佩恩、科琳·沃尔什和戴维·沃尔什，感谢他们的想法、支持和鼓励。我也很幸运地得到了伊丽莎白·海因茨、苏珊·拉比纳和夏洛特·希迪的指导。

瑞安·布雷什是我在 New Harbinger 出版社的编辑，他在本书的编写和完成过程中提供了完整耐心的指导。感谢该出版社的所有人，包括凯莱布·贝克威思、克兰西·德雷克、维克拉吉·吉尔、乔治亚·科利亚斯，尤其是玛丽萨·索利斯。

非常感谢我的好朋友和老同事理查德·戈德曼和彼得·墨菲在我写这本书时给予的支持和指导。我也得到了我亲爱的朋友和同事南希·安德森、奥尔登·丹尼·布洛杰特、阿曼达·达特诺、斯科特·哈里斯、唐·斯洛格、迈克尔·斯帕尼亚和尼古拉斯·塞勒的支持。我要特别感谢克丽丝特尔·I. 李在关于刚成年的年轻人那一章节的合作。

我儿时的朋友基思·梅尔达尔本身就是一位颇有成就的作家，他在整个过程中给予了我特别大的帮助。我高中时的图书管理员弗吉尼娅·简·纳尔逊一直给我莫大的支持，我们保持着长久的友谊。我也衷心感谢芭芭拉·贝克、里克·卡洛米诺、埃伦·柯蒂斯、丹尼尔·德让、吉纳维芙·马西斯、朱莉娅·墨菲、玛丽·奥利弗和安东尼·谢林。

非常感谢我以前的老师雪莉·戈特夫人和埃莉诺·梅尔达尔夫人。这两位杰出的教育者帮助我获得了今天的成功，并激励我选择了这份让我每天都有所收获的职业。

最后，非常感谢我的兄弟姐妹，玛丽亚、本和乔什，以及他们的家人，感谢他们一直以来的鼓励和支持。特别感谢我的母亲蕾切尔和父亲格雷厄姆，他们给了我所有孩子都真正需要的东西：无条件的爱。

延伸阅读

Barkley, R. 2005. *ADHD and The Nature of Self-Control*. New York: Guilford Press.

Baylin, J., and D.A.Hughes. 2016. *The Neurobiology of Attachment Focused Therapy*. New York: W.W. Norton & Company.

Bernstein, J., K. W. Fischer, and M. H. Immordino-Yang, eds. 2012. *Mind, Brain, and Education in Reading Disorders*. Cambridge: Cambridge University Press.

Bronson, P., and A. Merryman. 2009. *NurtureShock: New Thinking About Children*. New York: Twelve.

Brooks, R., and S. Goldstein. 2003. *The Power of Resilience: Achieving Balance, Confidence, and Personal Strength in Your Life*. New York: McGraw-Hill.

Chall, J. S. 1983. *Stages of Reading Development*. New York: McGrawHill.

Cooper-Kahn, J., and L. Dietzel. 2008. *Late, Lost, and Unprepared: A Parents' Guide to Helping Children with Executive Functioning*. Bethesda, MD: Woodbine House.

Cozolino, L. 2014. *The Neuroscience of Human Relationships: Attachment *and the Developing Social Brain.* New York: W.W. Norton & Company.

Curtis, M. B. 1999. *When Adolescents Can't Read: Methods and Materials That Work.* Northampton, MA: Brookline.

Dehaene, S. 2009. *Reading in the Brain: The New Science of How We Read.* New York: Penguin.

Gardner, H. 2011. *The Unschooled Mind: How Children Think and How Schools Should Teach.* New York City: Basic Books.

Goleman, D. 2005. *Emotional Intelligence: Why It Can Matter More Than IQ.* New York: Bantam.

Gottman, J., and J. DeClaire. 1998. *Raising an Emotionally Intelligent Child: The Heart of Parenting.* New York: Simon & Schuster.

Greene, R. W. 2001. *The Explosive Child: A New Approach for Understanding and Parenting Easily Frustrated, Chronically Inflexible Children.* New York: Quill Press.

Greene, R. W. 2008. *Lost at School: Why Our Kids with Behavioral Challenges Are Falling Through the Cracks and How We Can Help Them.* New York: Scribner.

Fonagy, P., M. Target, D. Cottrell, J. Phillips, and Z. Kurtz. 2005. *What Works for Whom: A Critical Review of Treatments for Children and Adolescents.* New York: The Guilford Press.

Fox, J. 2009. *Your Child's Strengths: A Guide for Parents and Teachers.* New York: Penguin Books.

Hall, S. L., and L. C. Moats. 2002. *Parenting a Struggling Reader.* New York: Broadway Books.

Hallowell, E. M. and J. J. Ratey. 1994. *Driven to Distraction: Recognizing and Coping with Attention Deficit Disorder from Childhood Through Adulthood.* New York: Touchstone Books.

Harris, A. J., and E. R. Sipay. 1985. *How to Increase Reading Ability: A Guide to Developmental and Remedial Methods,* eighth edition. New York: Longman.

Hinshaw, S., and R. Scheffler. 2014. *The ADHD Explosion: Myths, Medication, Money, and Today's Push for Performance.* Oxford, UK: Oxford University Press.

Hutton, J., T. Horowitz-Kraus, A. Mendelsohn, T. DeWitt, and S. Holland. 2015. "Home Reading Environment and Brain Activation in Preschool Children Listening to Stories." *Pediatrics* 136 (3, August 10): 466–78.http://pediatrics.aappublications.org/content/pediatrics /136/3/466.full.pdf.

Kavale, K. A., and S. R. Forness. 1995. *The Nature of Learning Disabilities: Critical Elements of Diagnosis and Classification.* Abingdon, UK: Routledge.

Kutscher, M. L. 2009. *ADHD: Living Without Brakes.* London, UK: Jessica Kingsley Publishers.

Lillas, C., and J. Turnbull. 2009. *Infant/Child Mental Health, Early Intervention, and Relationship-Based Techniques: A Neurorelational Framework for Interdisciplinary Practice.* New York: W.W. Norton & Company.

Maté, G. 2000. *Scattered: How Attention Deficit Disorder Originates and What You Can Do About It.* New York: Plume.

McCloskey, G., L. A. Perkins, and B. C. Divner. 2009. *Assessment and Intervention for Executive Function Difficulties.* New York: Routledge.

Meltzer, L., 2007. *Executive Function in Education.* New York: The Guilford Press.

Mooney, J., and D. Cole. 2000. *Learning Outside the Lines: Two Ivy League Students with Learning Disabilities and ADHD Give You the Tools for Academic Success and Educational Revolution.* New York: Fireside.

Newhall, P. W. 2012. *Language-Based Learning Disabilities.* Prides Crossing, MA: Landmark School Outreach Program.

Neufeld, G., and G. Maté. 2006. *Hold On to Your Kids: Why Parents Need to Matter More Than Peers.* New York: Ballantine Books.

Oakley, B. 2014. *A Mind for Numbers: How to Excel at Math and Science (Even If You Flunked Algebra).* New York: Tarcher/Penguin.

Olson, K. 2014. *The Invisible Classroom: Relationships, Neuroscience &*

Mindfulness in School. New York: W.W. Norton & Company.

Palombo, J. 2001. *Learning Disorders & Disorders of the Self in Children and Adolescents.* New York: W.W. Norton & Company.

Pasupathi, M., and K. McLean. 2010. *Silence and Memory: A Special Issue on Memory.* Hove, East Sussex: Psychology Press.

Prizant, B. M. 2015. *Uniquely Human: A Different Way of Seeing Autism.* New York: Simon and Schuster.

Probst, B. 2008. *When the Labels Don't Fit: A New Approach to Raising a Challenging Child.* New York: Three Rivers Press.

Putnam, L. R. 1997. *Readings on Language and Literacy: Essays in Honor of Jeanne S. Chall.* Cambridge, MA: Brookline Books.

Rath, T. 2007. *StrengthsFinder 2.0.* Washington, DC: Gallup Press.

Schiltz, K., A. Schonfeld, and T. Niendam. 2011. *Beyond the Label: A Guide to Unlocking a Child's Educational Potential.* Oxford, UK: Oxford University Press.

Seligman, M. E. P. 2006. *Learned Optimism: How to Change Your Mind and Your Life,* second edition. New York: Vintage Books.

Siegel, D. J. 1999. *The Developing Mind: How Relationships and the Brain Interact to Shape Who We Are.* New York: The Guilford Press.

Siegel, D. J. 2007. *The Mindful Brain: Reflection and Attunement in the Cultivation of Well-Being.* New York: W.W. Norton & Company.

Siegel, D. J., and M. Solomon. 2017. *How People Change: Relationships and Neuroplasticity in Psychotherapy.* New York: W.W. Norton & Company.

Siegel, D. J., and T. P. Bryson. 2011. *The Whole-Brain Child: 12 Revolutionary Strategies to Nurture Your Child's Developing Mind.* New York: Delacourte Press.

Silver, L. B. 1984. *The Misunderstood Child: A Guide for Parents of Learning Disabled Children.* New York: McGraw-Hill.

Silver, L. B. 1999. *Dr. Larry Silver's Advice to Parents on Attention Deficit Hyperactivity Disorder.* New York: Times Books.

Snowling, M. 1990. *Dyslexia: A Cognitive Developmental Perspective.* Cambridge, MA: Basil Blackwell.

Stewart, K. 2007. *Helping a Child with Nonverbal Learning Disorder or Asperger's Disorder,* second edition. Oakland, CA: New Harbinger Publications, Inc.

Thaler, N. 2016. *The Parent's Guide to Neuropsychology.* Printed by CreateSpace.

Tharp, R. G., and R. Gallimore. 1988. *Rousing Minds to Life: Teaching, Learning, and Schooling in Social Context.* New York: Cambridge University Press.

Tough, P. 2012. *How Children Succeed: Grit, Curiosity, and the Hidden Power of Character.* New York: Houghton Mifflin Harcourt.

Ungerleider, D. 1998. *Reading, Writing, and Rage: The Terrible Price Paid by Victims of School Failure.* Encino, CA: RWR Press.

Vygotsky, L. 1992. *Thought and Language.* Edited by A. Kozulin. Cambridge, MA: The MIT Press.

Vygotsky, L. S. 1978. *Mind in Society: The Development of Higher Psychological Processes.* Edited by M. Cole, V. John-Steiner, S. Scribner, and E. Souberman. Cambridge, MA: Harvard University Press.

Waber, D. P. 2010. *Rethinking Learning Disabilities: Understanding Children who Struggle in School.* New York: The Guilford Press.

Warner, J. 2010. *We've Got Issues: Children and Parents in the Age of Medication.* New York: Riverhead Books.

Willis, J. 2009. *How Your Child Learns Best: Brain-Friendly Strategies You Can Use to Ignite Your Child's Learning and Increase School Success.* Naperville, IL: Source Books.

Wolf, M. 2008. *Proust and the Squid: The Story and Science of the Reading Brain.* New York: Harper Perennial.

参考文献

Aamodt, S., and S. Wang. 2011. *Welcome to Your Child's Brain.* New York: Bloomsbury USA.

Arnett, J. 2014. *Emerging Adulthood: The Winding Road from the Late Teens Through the Twenties.* New York: Oxford University Press.

Beilock, S. 2011. *Choke: What the Secrets of the Brain Reveal About Getting It Right When You Have To.* New York: Atria Books.

Brooks, R., and S. Goldstein. 2001. *Raising Resilient Children: Fostering Strength, Hope, and Optimism in Your Child.* Chicago: Contemporary Books.

Brown, T. E. 2005. *Attention Deficit Disorder: The Unfocused Mind in Children and Adults.* New Haven, CT: Yale University Press.

Carr, P. B., and G. Walton. 2014. "Cues of Working Together Fuel Intrinsic Motivation and Can Contribute to the Solution of Collective Action Problems." *Journal of Experimental Social Psychology* 53: 169–84.

Cozolino, L. 2013. *The Social Neuroscience of Education: Optimizing Attachment & Learning in the Classroom.* New York: W.W. Norton & Company.

Denckla, M. 2013. "Most Learning Disabilities are Language Based:

Remembering the Spoken Language Foundation of the 3's." McLean School of Maryland video, 1:10:21, January 15. https://www.youtube.com/watch?v=GE16nduqKgs&t=23s.

Dweck, C. S. 2007. *Mindset: The New Psychology of Success*. New York: Ballantine Books.

Ficksman, M., and J. U. Adelizzi, eds. 2010. *The Clinical Practice of Educational Therapy: A Teaching Model*. New York: Routledge.

Fletcher J. M., G. R. Lyon, L. S. Fuchs, and M. A. Barnes. 2006. *Learning Disabilities: From Identification to Intervention*. New York: The Guilford Press.

Forbes, H., and B. Post. 2009. *Beyond Consequences, Logic, and Control: A Love-Based Approach to Helping Children with Severe Behaviors*. Boulder, CO: Beyond Consequences Institute.

Fuligni, A. J., and C. Hardway. 2006. "Daily Variation in Adolescents' Sleep, Activities, and Psychological Well-Being." *Journal of Research on Adolescence* 16 (3): 353–78.

Hershner, S., and R. Chervin. 2014. "Causes and Consequences of Sleepiness Among College Students." *Nature and Science of Sleep* Volume b: 73–84.

Hughes, D. A. 2009. *Attachment-Focused Parenting: Effective Strategies to Care for Children*. New York: W.W. Norton & Company.

Immordino-Yang, M. H. 2016. *Emotions, Learning, and the Brain: Exploring the Educational Implications of Affective Neuroscience*. New York: W.W. Norton & Company.

Individuals with Disabilities Education Act (IDEA). 2004. 20 U.S.C. § 1400.

Individuals with Disabilities Education Act (IDEA). 2012. 34 CFR § 300.8.

Jimerson, S. R. 2001. "Meta-Analysis of Grade Retention Research: Implications for Practice in the 21st Century." *School Psychology Review* 30: 420–37.

Kohn, A. 1999. *Punished by Rewards: The Trouble with Gold Stars,*

Incentive Plans, A's, Praises, and Other Bribes. Boston, MA: Houghton Mifflin Harcourt.

Lavoie, R. 2007. *The Motivation Breakthrough: 6 Secrets to Turning on the Tuned-Out Child.* New York: Touchstone Books.

Lutz, A., L. Greischar, N. Rawlings, M. Ricard, and R. Davidson. 2004. "Long-Term Meditators Self-Induce High-Amplitude Gamma Synchrony During Mental Practice." *Proceedings of the National Academy of Sciences,* November 16. http://www.pnas.org/content/101/46/16369.full.

Melby-Lervåg, M., T. Redick, and C. Hulme. 2016. "Working Memory Training Does Not Improve Performance on Measures of Intelligence or Other Measures of 'Far Transfer': Evidence from a MetaAnalytic Review." *Perspectives on Psychological Science* 11 (4): 512–34.

Meyer, A. D., D. H. Rose, and D. T. Gordon. 2014. *Universal Design for Learning: Theory and Practice.* Wakefield, MA: CAST Professional Publishing.

Neighmond, P. 2006. "Exercise Helps Students in the Classroom." *Morning Edition,* NPR. August 31.

Panicker, A., and A. Chelliah. 2016. "Resilience and Stress in Children and Adolescents with Specific Learning Disability." *Journal of the Canadian Academy of Child and Adolescent Psychiatry* winter: 17–23. https://www.ncbi.nlm.nih.gov/pmc/articles/PMC4791102/pdf/ccap25_p0017.pdf.

Pianta, R. 2000. *Enhancing Relationships Between Children and Teachers.* Washington, DC: American Psychological Association.

Pink, D. 2011. Drive: *The Surprising Truth About What Motivates Us.* New York: Riverhead Books.

Rehabilitation Act of 1973. 1973. Section 504, 34 C.F.R.

Rose, T. 2016. *The End of Average: How We Succeed in a World That Values Sameness.* San Francisco, CA: HarperOne.

Sanders, L. 2017. "Flex Time: The Brain's Ability to Shift Connections Might Ease Learning." *Science News* September 16: 22–25.

Sansone, C., D. B. Thoman, and T. Fraughton. 2015. "The Relation Between

Interest and Self-Regulation in Mathematics and Science." In K. A. Renninger, M. Neiswandt, and S. Hidi (Eds.) *Interest in Mathematics and Science Learning.* Washington, DC: American Educational Research Association.

Sapolsky, R. M. 2004. *Why Zebras Don't Get Ulcers: The Acclaimed Guide to Stress, Stress-Related Diseases, and Coping,* third edition. New York: St. Martin's Griffin.

Shaywitz, S. 2005. *Overcoming Dyslexia: A New and Complete ScienceBased Program for Reading Problems at Any Level.* New York: Vintage Books.

Siegel, D. J., and M. Hartzell. 2013. *Parenting from the Inside Out: How a Deeper Self-Understanding Can Help You Raise Children Who Thrive.* Brunswick, Victoria, Australia: Scribe Publications.

Stanovich, K. 1986. "Matthew Effects in Reading: Some Consequences of Individual Differences in the Acquisition of Literacy." *Reading Research Quarterly fall*: 360–407.